CONFÉRENCES PÉDAGOGIQUES

FAITES AUX INSTITUTRICES DE PARIS

ÉCOLES MATERNELLES

ET

COURS PRÉPARATOIRES ET ÉLÉMENTAIRES

DES ÉCOLES PRIMAIRES

PAR

E. CUISSART

ANCIEN MEMBRE DU CONSEIL SUPÉRIEUR DE L'INSTRUCTION PUBLIQUE

INSPECTEUR PRIMAIRE HONORAIRE, DÉPUTÉ DE L'AISNE

OFFICIER DE L'INSTRUCTION PUBLIQUE, CHEVALIER DE LA LÉGION D'HONNEUR

PARIS

ALCIDE PICARD ET KAAN, ÉDITEURS

11, RUE SOUFFLOT, 11

CONFÉRENCES PÉDAGOGIQUES

FAITES AUX INSTITUTRICES DE PARIS

ÉCOLES MATERNELLES

ET

COURS PRÉPARATOIRES ET ÉLÉMENTAIRES
DES ÉCOLES PRIMAIRES

PAR

E. CUISSART

ANCIEN MEMBRE DU CONSEIL SUPÉRIEUR DE L'INSTRUCTION PUBLIQUE
INSPECTEUR PRIMAIRE HONORAIRE, DÉPUTÉ DE L'AISNE
OFFICIER DE L'INSTRUCTION PUBLIQUE, CHEVALIER DE LA LÉGION D'HONNEUR

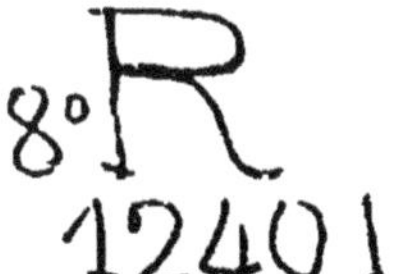

PARIS
ALCIDE PICARD ET KAAN, ÉDITEURS
11, RUE SOUFFLOT, 11

TABLE DES MATIÈRES

PREMIÈRE CONFÉRENCE

But que s'est proposé l'Administration en établissant ces conférences. Définition du mot éducation; divers sens qu'on lui donne en pédagogie. — Expliquer pourquoi on dit aujourd'hui dans les programmes officiels « Éducation intellectuelle » au lieu de dire simplement l'instruction. Notions sommaires sur les facultés de l'intelligence et sur leur rôle dans l'éducation donnée à l'école maternelle.

MESDAMES,

L'Administration de l'Instruction publique du département de la Seine nous a fait l'honneur de nous désigner pour inaugurer les conférences et les leçons pédagogiques destinées au personnel des écoles maternelles. En même temps que moi, sur cinq autres points de la ville, cinq de mes collègues développent, comme je vais essayer de le faire, la première partie d'un programme, comprenant une série de leçons qui seront ultérieurement faites, à tour de rôle, par le personnel de l'inspection primaire du département.

J'avoue très sincèrement que j'aurais préféré venir seulement, en dernier lieu, vous apporter quelques conseils et les réflexions de ma modeste expérience, mais l'obéissance aux chefs et le devoir professionnel m'ont fait accepter le périlleux honneur de l'entrée en matière. Je fais appel à toute votre bienveillance.

Et d'abord, pourquoi ces réunions, ces conférences?

Vous l'avez deviné!

Notre enseignement primaire, de la base au sommet, est en voie de réorganisation nouvelle et complète.

Les petites écoles surtout, celles auxquelles vous vous dévouez, ont changé de nom et sont entrées dans le cadre des écoles publiques ordinaires, avec un programme défini, déterminé, et un classement qu'elles n'avaient pas connu jusqu'ici.

Les salles d'asile d'autrefois sont devenues des écoles maternelles.

Salles d'asile, cela voulait dire des *refuges*, des établissements de charité destinés à recueillir des enfants pauvres, à les soustraire aux dangers de la rue, à recevoir des enfants dont les parents, pour pourvoir aux besoins de l'existence, quittent leur habitation le matin, pour n'y rentrer que le soir. C'étaient des asiles où les enfants étaient gardés en sûreté. C'était une belle institution qui, sous une dénomination modeste, abritait une œuvre philanthropique qui a été chère à plus d'un noble cœur. Les salles d'asile ont eu pour protecteurs des âmes d'élite, des institutrices de mérite et de haute valeur. Nous professons un grand respect pour l'institution, et nous honorons la mémoire de toutes les personnes qui ont contribué à son développement et à son succès.

Qu'il nous soit permis d'adresser ici, Mesdames, un souvenir à la mémoire de l'auteur des *Conseils et des directions pratiques des salles d'asile*, Mme Pape-Carpantier, à l'auteur de tous ces ouvrages d'éducation de la première enfance qui sont et qui resteront la base des améliorations que le temps apportera à l'établissement des petites écoles.

Quand le refuge a été créé, quand il a eu donné asile à des centaines d'enfants, il a fallu occuper la petite population qui y affluait; il a fallu fournir un aliment à son immense besoin d'activité; il a fallu inventer des exercices de nature à faire passer le temps aussi agréablement que possible, et, en outre, faire tourner tout cela au profit du développement moral, intellectuel et physique, des enfants. C'est alors qu'on a eu la pensée de considérer la salle d'asile comme une préparation à l'école, comme le vestibule de l'école.

De là, les ordonnances officielles du pouvoir, en 1836 et 1837, qui qualifiaient les salles d'asile d'établissements charitables où les enfants des deux sexes reçoivent, jusqu'à six ans, les soins de surveillance maternelle et de première éducation que réclame leur âge.

Un décret de mars 1855 va plus loin. Il les déclare des établissements d'*éducation*.

Mais ces petites écoles, sans programme défini, sans organisation conforme, n'avaient qu'un caractère facultatif. Elles étaient à l'entière discrétion des communes qui pouvaient, à leur gré, les créer ou les supprimer.

Vous vous en souvenez toutes, Mesdames, ce n'est pas si loin, les institutrices qui y étaient employées, et auxquelles on imposait un travail surhumain, étaient considérées comme des maîtresses de condition inférieure; elles avaient plus de peine et moins de traitement, leur titre de capacité n'étant pas le même que celui des institutrices proprement dites; elles étaient plutôt considérées comme des préposées à des *garderies* que comme des institutrices chargées de la mission d'instruire et d'élever des enfants.

Les lois récentes ont mis toutes les institutrices sur le même pied d'égalité; quant aux titres à exiger et aux traitements à leur allouer, toutes les divergences ont disparu. Il n'y a plus que des écoles à des degrés différents et ayant toutes le même caractère pédagogique bien et nettement défini, et des maîtresses également traitées.

Aussi, rappelons les termes mêmes du décret du 18 janvier 1887.

« Les écoles maternelles sont des établissements de première éducation où les enfants des deux sexes reçoivent en commun les soins que réclame leur développement physique, moral et intellectuel. »

On le voit, la différence essentielle, capitale, entre l'ancienne salle d'asile et la nouvelle école maternelle consiste en ce que la première avait un but restreint, qu'elle n'était obligatoire pour aucune commune, quelle que fût son importance; qu'elle était surtout destinée aux enfants pauvres, tandis que la seconde a un but plus large, aussi large que possible, sans réticence aucune. Elle est l'école à son début, à son point de départ, créée pour tous les enfants et appropriée aux besoins de tous, aussi bien à ceux du riche qu'à ceux du pauvre; elle est le commencement de cette éducation commune donnée en commun à tous les enfants d'une même patrie.

Cela ne l'empêche pas d'être considérée, dans son essence même, à un point de vue particulier, elle est l'école maternelle. C'est son titre. C'est en cela que, d'abord, elle diffère de la grande école, à proprement parler. Dans celle-ci, l'école ordinaire, le travail prévu est parfaitement réglé, la discipline plus sévère, l'attention plus soutenue. Il y a plus d'efforts de la part des enfants, par la raison qu'ils ont acquis plus de développement et qu'ils peuvent avoir plus de responsabilité personnelle. Dans la petite école, dans celle qui nous occupe, il y a, il doit y avoir l'éducation et l'instruction à la manière des mères. De là son nom d'école maternelle.

Si nous prenons la mère institutrice dans sa famille, chez elle, nous la voyons laisser son enfant s'agiter, se remuer, babiller. Elle a ses courts moments de leçons pour la lecture, pour la récitation, pour le calcul oral; loin de s'opposer aux questions, aux demandes, aux recherches de son enfant, elle le suit et provoque parfois son observation, son attention. Ses leçons, dans lesquelles tout est matière à enseignement, viennent à propos de tout; ce sont des exhibitions de jeux, d'objets, ce sont des contes, des récits, des histoires. La mère est préoccupée d'une chose, de la santé de son enfant, de son développement physique, de son épanouissement aux choses de la vie; elle s'ingénie pour que tout cela s'accomplisse gaiement, sous sa direction et sous son autorité, mais une autorité tempérée par une fermeté qui n'exclut ni la bonne humeur ni la franche gaieté.

La famille, c'est là l'idéal de l'école maternelle. L'école maternelle doit donc chercher à s'en approcher le plus qu'elle peut.

L'idéal serait, sans doute, qu'une institutrice n'eût à la fois, comme la mère dans la famille, qu'un, deux, trois ou quatre enfants jeunes à élever. Il est impossible à réaliser.

Mais, au lieu d'avoir des écoles maternelles réunissant, comme autrefois les salles d'asile, plusieurs centaines d'enfants, les écoles maternelles sont fractionnées en divisions de cinquante enfants chacune au maximum. C'est un énorme progrès. Autrefois, il fallait faire absolument ce qu'on pourrait appeler (pardonnez-moi le mot) du *dressage*, aujourd'hui, on va essayer de faire de l'éducation.

Remarquez que la loi dit avec intention : les écoles maternelles sont établissements de première *éducation*; l'instruction est sous-entendue ou mieux la loi n'en parle presque pas. C'est que l'instruction proprement dite, l'acquisition des connaissances didactiques fait partie plus spécialement du domaine de l'école.

Explication du programme.

Vous avez dû certainement être frappées de l'ordre dans lequel sont placées les matières du programme des écoles maternelles. Il est bon de le rappeler :

1° *Des jeux, des mouvements gradués et accompagnés de chants.*

Relisez bien cela, Mesdames, des jeux, des amusements, des marches, des chants. Donc, il faut des jouets, des images, etc.

2° *Des exercices manuels.*

Examinez les enfants, ils sont toujours occupés; ils font toujours quelque chose. Aucun enfant bien portant ne reste dans l'inaction. Il faut donc diriger, au profit de l'éducation des doigts, de l'œil, des mains, ce besoin de mouvement des enfants.

Puis vient ensuite :

3° *Les premiers principes d'éducation morale.*

Ah! Mesdames, c'est là le gros morceau! L'éducation de l'enfant songez-y bien!

Éduquer un enfant, c'est l'élever pour en faire un homme aussi parfait que possible; élever une enfant, c'est la préparer à devenir plus tard une femme accomplie.

Et c'est vous, Mesdames, qui avez l'honneur d'être choisies pour jeter dans l'âme de ces petits êtres les premières assises d'une œuvre si importante, la plus importante de toutes.

Ensuite, le programme indique :

4° *Les connaissances les plus usuelles.*

C'est encore là un vaste sujet; pour enseigner les connaissances les plus usuelles, il faut les posséder soi-même; il faut pouvoir les exposer, les mettre à la portée des enfants dans un langage simple sans banalité et toujours correct. Tout cela est rempli de difficultés; il faut être très instruit pour faire une bonne maitresse d'école maternelle. Il faut, aujourd'hui pour être à la hauteur de ces fonctions essentiellement éducatrices, posséder avec beaucoup de savoir faire, un savoir solide et sûr, doublé d'une grande connaissance des enfants.

Tandis qu'autrefois, la première femme venue (j'entends d'une parfaite honorabilité), pourvu qu'elle eût reçu un peu d'instruction, pouvait prétendre à un emploi dans les salles d'asile. Il lui fallait surtout des forces physiques et des poumons robustes.

Poursuivons l'énumération des matières du programme, nous avons :

5° *Des exercices de langage, des récits, des contes.*

L'enfant nous arrive avec un petit bagage de mots, il faut l'accroitre; sous chaque mot, il faut lui faire trouver l'idée que ce mot éveille ou représente. Faire des exercices de langage, c'est apprendre à parler suivant les règles de la grammaire. Pour faire des *récits* enfantins ayant à la fois un côté éducatif et moral, il faut y songer, les préparer à l'avance; tout cela ne s'improvise pas, j'en dirai autant des *contes.* Quand on s'adresse à des enfants, qu'on leur fait des récits, qu'on leur raconte des historiettes, il faut s'approcher le plus que l'on peut de la réalité des choses, de façon à ne pas fausser leur imagination naissante. Eh bien,

Mesdames, pour cela encore, vous conviendrez avec moi qu'il ne faut pas arriver à sa classe sortant simplement de son déjeuner ou de son cabinet de toilette. Il faut avoir préparé sa leçon, savoir ce qu'on doit dire et comment on doit le dire.

Enfin, le programme se termine par un sixième paragraphe que je reproduis :

6° *Les premiers éléments du dessin, de la lecture, de l'écriture et du calcul.*

Vous voyez que le commencement de l'étude des connaissances spéciales, proprement dites, ne vient qu'en dernier lieu; elles ne sont donc pas l'essence de l'école maternelle. L'école maternelle doit préparer l'enfant à apprendre, elle a surtout pour but de disposer le terrain à ensemencer le sol sur lequel se fera plus tard l'heureuse, la riche moisson; son rôle est surtout un rôle d'initiation, il repose entièrement sur les qualités de la maitresse, sur son savoir, sur les ressources naturelles ou acquises qu'elle possède pour s'adresser utilement et fructueusement au cœur, à l'âme et à l'intelligence des jeunes enfants.

Vous voyez pourquoi, à l'école maternelle, il est plutôt question d'éducation intellectuelle que d'instruction proprement dite.

Ce que c'est que l'éducation.

Et d'abord, qu'est-ce que l'éducation?

Le mot français éducation vient du verbe latin *educare*, qui veut dire, dans son sens propre, élever un enfant, le nourrir, l'allaiter, en avoir soin; et par *élever*, on entend instruire, former au bien et à la vertu.

L'éducation consiste à former l'homme, à le former pour lui-même, pour la famille, pour la société et ensuite pour la patrie. J'ai lu quelque part l'exposé de cette opinion philosophique que, si un enfant s'élevait seul, s'il pouvait vivre et grandir isolé dans une forêt, dans un désert, sans communication aucune, avec âme qui vive, il constituerait l'homme stupide et sauvage, l'homme brute. L'éducation de son esprit, de son cœur, de son intelligence, n'aurait pu se faire; il ne pourrait, suivant la même école, que pousser des cris inarticulés, il n'aurait même pas la parole. Cela peut être, nous ne sommes point chargé d'approfondir la chose; tout ce que nous pouvons dire, c'est que les trésors que l'éducation tire du fond même de la nature de l'enfant y resteraient enfouis et inutiles, si un travail constant et opiniâtre ne les produisait peu à peu au grand jour.

Voulez-vous me permettre de vous donner quelques formules, quelques définitions de l'éducation. En voici que je livre à vos réflexions, écoutez :

« L'éducation a pour but le développement de toutes les facultés humaines » (Stein).

« L'éducation a pour but de faire, autant que possible, de l'individu un instrument de bonheur pour lui-même et pour ses semblables » (James Mill).

« L'éducation comprend tout ce que nous faisons, tout ce que les autres font pour nous rapprocher de la perfection de notre naturel » (Stuart Mill).

« Développer chaque individu dans toute la perfection dont il est susceptible, tel est le but de l'éducation » (Kant).

Écoutez celle-ci et veuillez bien la retenir :

« L'éducation est une opération par laquelle un esprit forme un esprit, et un cœur forme un cœur » (Jules Simon).

Cette dernière définition résume toute la mission des éducateurs de l'enfance.

Mais pour former un esprit et un cœur, pour travailler avec succès à l'épanouissement de ces deux qualités maitresses de l'âme humaine, il faut à l'éducateur des connaissances solides et une ferme volonté de travailler au développement des enfants. Ce n'est pas encore tant une question de savoir que de vouloir, qui veut, peut. Le tout est de vouloir.

Je ne puis résister au désir de vous reproduire ici une page éloquente du *Dictionnaire de pédagogie* de M. Buisson, relative aux dispositions des maîtres en ce qui concerne l'éducation. Ces conseils et ces réflexions m'ont vivement frappé et impressionné. Ils sont, du reste, comme tout ce qui sort de la plume de M. le Directeur général de l'Enseignement primaire, marqués au coin d'une rare précision et d'une grande justesse, sans compter l'élégance de la forme. Écoutez ce qui suit et retenez ces préceptes que tout éducateur devrait savoir par cœur :

« ... S'il s'agit d'éducation, il faut au maître ou à la maîtresse d'école des aptitudes ou des habitudes qui permettent de surveiller délicatement et de redresser plus délicatement encore les défauts de l'esprit et du caractère; de persuader ou de commander tour à tour, d'encourager à propos et juste assez pour ne point enorgueillir; de gouverner enfin d'après des principes très fixes et cependant avec des nuances très fines ce petit peuple d'autant plus difficile à manier qu'il est plus frêle et plus impuissant à se diriger lui-même. Il faut aussi des conditions de caractère dont l'absence suffirait pour faire échouer l'œuvre, l'égalité d'humeur, le don de la patience, une tenue qui n'est pas tout à fait celle de la vie ordinaire; je ne sais quel mélange de gravité et d'enjouement dans le ton qui gagne immédiatement les enfants; des précautions extrêmes pour éviter les choses mêmes qui, dans le monde et dans le commerce de la vie, sont les plus acceptées et les plus recherchées; jamais d'ironie, jamais de contradictions et de paradoxes; jamais rien qui fasse briller le maitre aux dépens de l'élève; beaucoup d'indulgence et aucune trace de faiblesse; rien de nerveux, rien de brusque; une fermeté inflexible et une douceur paternelle, un grand fond de simplicité en tout, enfin, un effort en quelque sorte constant et qui doit devenir insensible avec le temps pour se rapprocher de la nature de l'enfant, vivre un peu de sa vie, se remettre à son ton, le comprendre, le supporter, l'aimer. »

N'est-il pas vrai, Mesdames, que c'est là le secret de la mission de tous ceux qui sont chargés, à un degré quelconque d'instruire et d'élever des enfants?

Nous ne pouvons, bien entendu, dans cette conférence préparatoire, insister sur tous les points relatifs à l'éducation physique, intellectuelle et morale des enfants placés à l'école maternelle.

Nous nous bornerons aujourd'hui, après les données générales, que vous venez d'entendre, à des notions sommaires sur les facultés intellectuelles et sur leur rôle dans l'éducation morale donnée à l'école maternelle.

Nous parlerons très succinctement de la *conscience*, de la *volonté*, de *l'attention* et de la *sensibilité*, facultés principales de l'intelligence.

De la Conscience

Qu'est-ce que la conscience? Comment peut-on en donner une idée aux enfants?

— La conscience est un sentiment intérieur qui nous fait distinguer le bien du mal, le juste de l'injuste, et en général une action bonne d'une action mauvaise. On sait, du reste, que l'usage de toutes les langues a universalisé ces métaphores: la voix de la conscience, les jugements de la conscience, l'approbation ou le blâme de la conscience. C'est ce qu'on appelle la conscience morale ou la conscience du bien et du mal.

Ce sentiment atteste la supériorité de l'homme sur les êtres qui l'entourent.

Le chat qui commet un larcin, qui vole un mets sur la table servie, l'âne qui broute l'herbe d'un pré qui n'appartient pas à son maître, ne sont ni coupables ni responsables.

Tous les enfants comprendront cela.

Mais, ensuite, donnez l'exemple suivant : Il

s'agit d'une petite fille appelée Louise. Elle a quatre ans; elle est déjà avancée. A quatre ans, on sait ce que l'on fait. La petite Louise aime beaucoup les bonbons. Mon Dieu, ce n'est pas un mal d'aimer les bonbons! Mais voilà, un jour elle ne s'est pas contentée de ceux que sa mère lui avait donnés. Se trouvant seule à la salle à manger, elle a ouvert le buffet et en a pris une poignée dans la boite où ils se trouvaient.

Entendant du bruit dans la pièce voisine, elle s'est hâtée de fermer le buffet, de mettre les dragées volées dans sa poche, car elle avait peur, peur qu'on la vît, peur que quelqu'un entrât.

Qui me dira bien pourquoi Louise avait peur?

Et pourquoi savait-elle qu'elle avait peur?

Qui lui disait qu'elle avait mal fait, qu'elle n'aurait pas dû prendre des bonbons?

Personne ne l'avait vue?

Eh bien, Louise avait peur parce qu'elle avait mal fait. Et sa conscience lui disait, lui criait intérieurement bien fort : « Tu as mal agi, Louise, ce que tu as fait là est mal, très mal. Que ta maman le sache ou ne le sache pas, c'est très mal. Une bonne petite fille n'aurait pas fait cette vilaine action. »

Vous pouvez poursuivre votre raisonnement et dire :

Louise pouvait-elle ne pas prendre les bonbons?

— Certainement, c'eût été son devoir; si elle les a pris, c'est qu'elle a bien voulu le faire; elle a donc manqué à son devoir.

Donc elle est responsable. Tout être raisonnable est responsable de ses actions. Le chat, l'âne, qui volent ne sont pas responsables. Voilà la responsabilité. Nous avons encore la liberté d'éviter le mal.

Si elle n'avait pas pris les bonbons, elle aurait bien fait; elle les a pris elle a mal fait.

Ainsi s'enchainent les idées du mérite, du démérite, de récompenses et de punitions; les idées de la responsabilité personnelle, du libre arbitre, du devoir, du bien, de la vertu.

Tout cela c'est la philosophie du devoir, autrement dit de la morale. C'est aussi tout simplement de la droiture, du bon sens. La philosophie à l'école, n'est pas autre chose.

De la Volonté.

Que dirons-nous de la volonté? La volonté est le pouvoir que l'on a de faire ce que l'on veut, de prendre une détermination quelconque et d'agir avec conscience, réflexion, librement et spontanément.

C'est la résolution que nous prenons par nous-mêmes d'accomplir un acte quelconque.

La volonté est le principe de la liberté. L'homme seul, dans le plein exercice de ses facultés, est capable de vouloir.

Dans l'exemple que nous avons cité tout à l'heure, Louise a eu la volonté de mal faire. Si les enfants sont parfois volontaires, ils sont aussi susceptibles d'avoir une volonté, de céder ou de résister à ce sentiment intérieur qui vous invite à agir dans un sens ou dans un autre.

La volonté ferme de résister à un mauvais entrainement, à un conseil pernicieux, comme aussi d'accomplir une certaine somme de travail, d'arriver à un but déterminé, constitue une force de caractère qui peut avoir une heureuse influence sur les destinées de la vie.

Exemple :

Louis, le petit Louis, ne sort jamais seul. Sa mère le lui a défendu. Il a pour camarade Charles, qui, lui, va souvent jouer au square voisin avec d'autres écoliers de son âge. Charles dit un jour à Louis : « Viens avec moi, ta maman est sortie; nous rentrerons avant son retour; elle n'en saura rien. » Louis avait bien envie de se rendre à l'invitation de Charles, mais il a eu le courage, la volonté de résister.

Savez-vous maintenant ce qu'on appelle volonté?

Oui, c'est le pouvoir d'agir, de se maitriser, de se gouverner soi-même.

Les enfants élevés dans ces sentiments en

conservent toujours les heureuses dispositions.

Encore un exemple :

Une jeune fille de quatorze ou quinze ans aime beaucoup la lecture. Cela se voit naturellement, celle dont il est question ne lit que des ouvrages choisis par son père. Le père lui dit un jour : « Voici un livre que tu ne peux pas lire dans son entier. Tu laisseras de côté, fais bien attention, de telle page à telle page, de telle autre à telle autre. Du reste, j'ai indiqué au crayon les passages que tu dois laisser. J'ai confiance en toi. »

Le désir du père a été respecté et sa confiance n'a pas été trahie (histoire vraie).

C'est le résultat de la culture raisonnée de la volonté de l'enfant, joint à un autre sentiment : l'obéissance à l'autorité paternelle. Et puis, croyez-le bien, l'enfant se sent honoré de la confiance qu'on lui témoigne.

Ce que nous venons de dire de la conscience et de la volonté a pour but de démontrer qu'il importe de travailler de bonne heure à former la conscience morale des enfants. La maitresse doit chercher à établir un bon esprit dans son école; il faut que cette petite société, avec le petit monde qui la compose, soit aussi parfaite que possible. Il faut absolument donner aux enfants, dès l'école maternelle même, le sentiment de leur propre responsabilité.

Quand l'enfant y entre, il a déjà la notion du bien et du mal physique qu'il peut faire à ses camarades, ou qu'il peut se causer ou s'épargner à lui-même. La maîtresse n'a qu'à continuer.

Un enfant taquine son camarade qui le frappe ensuite; il s'est attiré les coups qu'il a reçus. Il s'est heurté quelque part, c'est qu'il a manqué de précaution; s'il est puni, c'est qu'il s'est attiré sa punition; s'il est grondé, c'est qu'il n'a pas été sage, etc. Il faut lui dire, lui faire comprendre pour quels motifs on est obligé, forcé même, d'agir comme on le fait dans tel ou tel cas.

Croyez-moi, Mesdames, ne craignez pas de raisonner avec les enfants, de leur donner le pourquoi et le parce que des déterminations prises à leur égard. Ils entendent raison plus qu'on ne croit; ils sont même très flattés d'être pris au sérieux et de voir qu'on ne les traite pas à la légère.

Exemple : — Que voulez-vous? J'aime les exemples.

Une petite fille, que nous appellerons Hélène, a cinq ou six ans. Elle a pour voisine et pour amie une enfant de son âge, nommée Lucie.

Un matin d'un jour de congé, Lucie alla proposer à Hélène de venir passer la journée à la maison avec elle.

— Nous nous amuserons beaucoup. Ta mère le voudra bien, dit-elle; va le lui demander.

Hélène court vers sa mère :

— Maman, Lucie vient me chercher pour aller passer la journée avec elle, veux-tu que j'y aille?

— Non, je ne le veux pas.

— Mais, maman, Lucie est là qui m'attend.

— Tu n'iras pas, je te dis, et laisse-moi.

Voilà, vous le pensez bien, un grave désappointement. A la tristesse succédèrent des pleurs, des larmes, des sanglots. Et puis, comme il arrive toujours en pareil cas, la mère dit :

— Allons, ne pleure plus; tu iras, je le veux bien, mais à la condition que tu demanderas la permission à ton père.

Notre petite Hélène sèche ses larmes, et se précipite vers la chambre de son père :

Elle frappe.

— Entrez. Ah! c'est toi, ma fille, que me veux-tu?

Le père, homme grave et sérieux, bon éducateur, comme vous allez le voir, était en train d'écrire à son bureau. Il secoue sa plume, la dépose sur la table, se tourne vers sa fille, lui prend ses petites mains, et lui dit :

— Parle, je t'écoute.

Vous voyez cela d'ici! Le père suspend son travail, comme s'il recevait un personnage qui eût à lui parler d'une affaire de la plus haute importance.

La requête exposée, la demande faite comme

à la mère, le père, après une seconde, une minute de réflexion, dit :

— Mon enfant, j'ai le regret de ne pouvoir t'accorder la permission que tu me demandes, et je vais t'expliquer pourquoi : Ce ne sont pas les parents de Lucie qui désirent t'avoir, sans cela, ou son père ou sa mère serait venu parler à ta mère ou à moi. Tu ne sais pas si cela leur fera plaisir que tu ailles passer toute la journée chez eux. On ne s'impose pas ainsi chez les gens. Ce ne serait ni convenable, ni poli. Tu comprends que, pour rien au monde, je ne voudrais qu'on dît de ma fille qu'elle ne connaît pas les usages, qu'elle n'observe pas les convenances, la politesse.

Tu vois, mon enfant, que, malgré mon désir de t'être agréable, je suis obligé, forcé même, et je le regrette beaucoup, de ne pas te permettre aujourd'hui d'aller chez ton amie Lucie.

Devant ce raisonnement, croyez-vous que notre petite Hélène se mit à pleurer! oh que non! Elle embrassa son père, satisfaite, toute résignée et sans tristesse, convaincue qu'elle était que son père était dans l'impossibilité d'accueillir favorablement sa demande.

Et qu'a-t-il fallu pour cela?

Un peu d'attention, de raisonnement de la part du père, un appel à la réflexion de l'enfant.

Vous voyez la différence des procédés : le refus sec de la mère a paru injuste à l'enfant;

celui du père, au contraire, justifié, raisonnable.

Traitez votre petit monde comme de grandes personnes, raisonnez avec vos élèves. La discipline n'en souffrira pas et l'éducation de leurs facultés naissantes y gagnera beaucoup. Bien plus, quand l'autorité est ainsi comprise et acceptée, la discipline en est la résultante directe, immédiate. Dans l'exemple que nous avons donné plus haut, l'obéissance que notre petite Hélène accorde à son père ressemble beaucoup à celle que les hommes faits concèdent à la raison, à la loi sociale.

Ce qui précède nous amène à vous parler de l'attention chez les enfants.

De l'attention.

« Les enfants sont capables d'attention, ils ont une grande docilité de mémoire et une curiosité très avide. »

Sans attention, point de réflexion possible et, comme conséquence, peu ou pas de succès dans le développement des facultés ou dans l'enseignement des enfants. Il est donc de la plus haute importance qu'une maitresse sache exciter, soutenir l'attention de ses élèves.

C'est la direction de toutes les forces intellectuelles vers un même objet. La puissance d'attention varie en force et en durée suivant l'âge et le développement physique des enfants.

Il faut éveiller, exciter l'attention, la guider, la soutenir, la diriger. Mais il faut aussi avoir soin de ne pas prolonger outre nature l'effort intellectuel qu'elle nécessite.

Nous savons tous comment l'attention se reconnait. Les yeux, l'attitude, l'expression du visage des enfants, indiquent les dispositions de leur esprit. Il faudrait qu'aucun enfant ne perdit un mot des leçons et des explications de la maitresse.

Mais pour cela, il faut savoir intéresser. C'est l'unique moyen d'obtenir de l'attention.

Quand on voit aux enfants une tenue penchée, des yeux vagues, un visage morne, une physionomie ennuyée, ils ne sont pas à la leçon; leur indifférence indique au maitre qu'il fait fausse route; il ne les intéresse pas. Il aura beau faire des rappels réitérés à l'attention. C'est inutile. Il lui faut cesser, faire une digression et changer de sujet. Aussitôt que l'inattention se montre, il doit s'arrêter.

Pour obtenir l'attention, il y a des moyens pratiques suggérés par l'expérience. Le maitre, autant que possible, est placé pour ses leçons générales en face de ses élèves; il les tient sous ses yeux et exige que les yeux de ses élèves soient tournés vers lui. Il n'oublie pas de leur dire qu'on écoute non seulement avec les oreilles, mais encore avec les yeux, avec la bouche. Quand les yeux se promènent, quand on tourne la tête, l'attention, elle bat la campagne; elle se promène. Il faut aussi que le maître mette à sa leçon un certain entrain, une certaine ardeur. L'intérêt qu'il y prendra rejaillira sur ses élèves; si au contraire il est triste, maussade, ennuyé, de mauvaise humeur, ses élèves ne le suivront pas, il parlera en pure perte.

Bien préparer ses leçons, savoir parfaitement ce qu'on veut dire, être précis, net dans son exposition, savoir mettre en relief les faits importants, aimer son école et les enfants, et que les enfants le sentent. C'est le secret de faire une leçon avec fruit, d'intéresser les élèves et d'obtenir d'eux l'attention que comporte leur âge.

J'ai remarqué que les enfants sont toujours disposés à faire tous leurs efforts pour vaincre une difficulté, à s'armer de courage pour la surmonter et par conséquent à donner toute leur attention si le maître attache une grande importance à sa leçon.

Il pourra leur dire : hier, ces jours-ci, nous avons fait une leçon sur le cheval, vous vous en souvenez; ou bien je vous ai parlé de vos devoirs à l'égard de votre mère, ou je vous ai démontré l'horreur du mensonge, ou nous avons étudié tel son de la méthode de lecture, etc., etc. J'ai remarqué avec plaisir que vous avez bien compris; vous avez été bien attentifs. Du reste, c'était si facile, si simple, ce n'est pas étonnant.

Mais, aujourd'hui, ce n'est pas la même chose, ce sera beaucoup plus difficile. Pour que vous puissiez comprendre, il vous faudra être très attentifs, ne pas perdre un mot, un seul mot de ce que je vais vous dire et vous expliquer. Vous aurez là, mes amis, des efforts à faire, une grosse difficulté à vaincre, allons, armez-vous de courage.

Et vous voyez les enfants prendre position, rassembler leurs forces et se disposer à être tout yeux, tout oreilles.

A la fin de je ne sais plus quelle leçon je me rappelle qu'un bambin me dit : « Mais, Monsieur, vous nous avez dit que ce serait très difficile, cependant nous avons bien compris. — Ce n'est pas étonnant mon ami. Voilà ce que c'est que d'avoir bien écouté, d'avoir été bien attentifs. »

Quand la maîtresse a une autorité bien et parfaitement assise, elle peut, pour détendre l'attention des enfants, la reposer, provoquer le rire chez ses élèves, un rire général, rire avec eux, mais là franchement. Seulement, à un signal donné, quand elle dira, reprenant sa physionomie ordinaire : « C'est assez », il faut que l'ordre se rétablisse instantanément, que le petit monde reprenne son attitude calme.

Il faut pour cela être bien sûr de son autorité et de soi. On ne saurait abuser du système, de crainte de voir la classe devenir un lieu de divertissement. Ce sont des habitudes d'attention, d'ordre, qu'il faut faire prendre; c'est le travail qu'il faut faire aimer et non le plaisir. Le plaisir, on l'aime toujours assez.

Enfin, pour relever le courage, il ne faut pas négliger de montrer, de temps en temps aux élèves, le chemin parcouru, les progrès accomplis, résultats de leur attention et de leurs efforts, pour les engager à persévérer. Il y a là une sorte de satisfaction du devoir accompli à laquelle les enfants, comme les hommes faits, sont loin d'être insensibles. C'est comme le repos de l'étape et la préparation à une nouvelle marche en avant.

Nous ne pouvons pas, en terminant nos modestes réflexions sur l'attention à obtenir des enfants, résister au désir de vous citer ce qui suit, page admirable, extraite encore du grand et magnifique ouvrage de M. Buisson, du *Dictionnaire de pédagogie*, de l'esprit et des articles duquel nous nous sommes souvent inspiré :

« Tenir compte des limites que la nature impose aux facultés de l'enfant et puis tenir compte du besoin qu'ont les facultés de se rafraichir, en quelque sorte, par la nouveauté, de se réparer par l'oubli presque immédiat, de s'égayer par la rapidité du mouvement. Ce qu'il faut redouter pour l'enfant, c'est la fatigue, et la fatigue nait de ces deux causes : ou qu'on demande trop aux facultés enfantines ou qu'on gêne leur libre allure. Trop d'heures de travail, trop d'heures d'attention, trop d'appel à la mémoire ou au jugement ou à la volonté peuvent lasser et rebuter l'enfant; mais, le plus souvent, on aurait pu obtenir de lui ce travail, même un peu excessif, si l'on avait su se plier au besoin le plus impérieux de sa nature, changer souvent d'objet, faire cesser la leçon au moment précis où cessait l'attention; laisser à l'élève quelque initiative, quelque liberté, quelque mouvement. Il faudrait que l'enfant pût longtemps travailler, comme il joue, de tout son cœur, avec tout son être, avec cette plénitude d'activité, cette ardeur, cette vivacité, qui ne le fatiguent jamais tant qu'elles se déploient spontanément, librement et naturellement. »

Ce sont là des principes généraux qu'il faudrait tâcher de faire passer dans l'application. Ce serait l'idéal. Si on ne peut souvent arriver à la réalisation de l'idéal qu'on a en vue et qu'on envisage, il faut du moins essayer de s'en approcher le plus que l'on peut. Tel doit être le but de nos efforts.

Quelques mots maintenant sur la sensibilité morale ou sensibilité du cœur chez les enfants.

De la Sensibilité morale.

Qu'est-ce que la sensibilité morale? C'est une impression qui frappe notre conscience, notre âme, notre être intérieur et à laquelle on donne le nom de sentiments. Nous éprouvons des sentiments bons ou mauvais, suivant les actes antérieurs qui impressionnent nos sens et aussi suivant le naturel que nous apportons en naissant.

La culture de la sensibilité morale ou du cœur doit être considérée comme la base de l'éducation, car c'est de l'éducation de notre sensibilité, c'est-à-dire de la direction donnée à nos penchants, à nos tendances, à nos inclinations, à nos passions que résulte ce qu'on est convenu d'appeler la moralité.

La vraie morale, vous le savez, est distincte de l'enseignement confessionnel; elle s'appuie sur les grandes vérités universelles indépendantes de toute doctrine, de toute secte religieuse.

Notre but, à nous éducateurs, doit être d'inspirer à nos élèves l'amour du vrai, du bien, du beau, de leur faire connaître, aimer et admirer, la bonté, le désintéressement, la générosité, le dévouement, le sacrifice et l'oubli de soi-même, toutes qualités morales qui sont la source d'autres vertus, comme l'obéissance, la loyauté, la prévoyance, la politesse, la discrétion et la bienséance.

Mais pour les enfants de l'école maternelle ce ne sont là que des mots. Le talent de la maitresse doit leur faire découvrir la pensée moralisatrice qu'ils recouvrent. C'est le cas de dire : pas d'abstractions. Les facultés de la sensibilité doivent être cultivées par la méthode pédagogique qui procède du connu pour aller à l'inconnu. Avant de mettre un livre entre les mains des enfants où ils ne distingueraient que du noir sur du blanc, vous commencez par leur apprendre à lire et pour leur apprendre à lire vous ne les mettez pas tout de suite aux prises avec les difficultés de la lecture de tous les mots. Vous commencez par les sons représentés par des lettres simples et pour descendre encore plus bas vous frappez leurs sens par la production d'une image dont le nom connu des enfants va vous aider à leur faire distinguer la représentation écrite de la lettre ou du signe à étudier.

Vous ne demanderez pas à l'enfant d'avoir au cœur le sentiment de la patrie avant qu'il sache ce que c'est que la patrie; vous n'exigerez pas qu'il soit capable de charité avant d'avoir fait naître en lui la pitié pour les malheureux, pour toutes les créatures qui sont dans la peine ou qui souffrent.

Il faut, comme pour la lecture, descendre peu à peu jusqu'à l'horizon sensible de l'enfant, lui parler de ce qu'il voit, de ce qu'il sent, de ce qu'il connait, de ce qui le touche de plus près; procéder par analogie, par des exemples à sa portée, ouvrir son cœur aux sentiments d'affection pour sa mère, pour son père, pour ses frères, ses sœurs, [illegible] ses camarades. Ce n'est que plus tard qu'il pourra s'élever jusqu'à ces sentiments d'un ordre supérieur, la bienfaisance, la tolérance, l'abnégation, le dévouement, le patriotisme, qui sont comme les abstractions de la sensibilité.

Un jour, j'ai assisté dans une petite classe d'une école communale faite par un maître intelligent et qui est en même temps un homme de cœur, j'ai assisté, dis-je, à une leçon faite à de jeunes enfants sur la mère, sur les sentiments d'un enfant envers sa mère, sur ce qu'un enfant lui doit en affection en amour, en respect, en tendresse, en soins dans sa vieillesse, tout ce qu'il disait allait si bien droit au cœur de ses petits auditeurs, qu'il les a fort attendris, et que bon nombre pleuraient. Il avait su trouver le chemin de la sensibilité filiale pour leur mère.

« Allons, mes petits amis, leur dit-il en terminant aimez bien votre mère, ne lui faites jamais de chagrin, ne lui causez jamais la moindre peine, vous êtes de petits enfants, mais vous grandissez tous les jours, bientôt vous serez des hommes; vous serez grands, vous serez forts. Votre pauvre mère, elle, sera âgée, peut-être ne pourra-t-elle plus travailler. Eh bien, quel sera votre devoir, que ferez-vous pour votre mère? »

Et tous les enfants de répondre : « Nous travaillerons pour elle. »

N'est-ce pas là une bonne leçon de sensibilité, de piété, de tendresse filiale?

— Une autre fois, il y a longtemps de cela, je faisais à Lyon, l'inspection d'une école maternelle.

J'ai trouvé la maitresse au début d'une leçon sur les dangers de la désobéissance.

Elle avait pris pour sujet une maman mouche qui avait une petite fille désobéissante. Cela m'est toujours resté.

« La petite mouche à ce qu'il parait obéissait difficilement à sa mère. Elle en a été bien punie de sa désobéissance comme vous allez le voir.

« Ma petite, dit la maman mouche, malgré ma défense, tu t'approches souvent de la grande jatte de lait pour y boire, un jour il t'arrivera malheur. La petite mouche ne tint pas compte de la recommandation de sa mère. Elle se dit à elle-même : Je ne m'approcherai pas si près, je me tiendrai sur le bord. Elle retourne à la grande jatte, au grand vase plein de lait. Elle s'approche un peu, puis un peu plus, puis encore un peu plus pour boire à son aise, mais à la fin elle glissa et la voilà entrainée au beau milieu de ce grand bassin de lait. Elle fit bien des efforts pour gagner le bord, mais impossible de remonter; à bout de force elle finit par tomber et elle se noya.

Je remarquai la physionomie des enfants. Ils s'intéressaient à la leçon et en étaient impressionnés. Je vis deux petites filles qui avaient de grosses larmes dans les yeux. Elles pleuraient sur la mort de la petite mouche désobéissante.

Je dis, à part, à la maîtresse : « Vous ne pouvez pas laisser mourir la mouche ; il faut la sauver. — C'est juste, reprit-elle. »

— Mes enfants l'histoire n'est pas finie. Écoutez bien.

La maman mouche, si bonne, qui, malgré les défauts de sa petite, veillait toujours sur elle, avait placé la grande sœur de la petite désobéissante non loin de là, dans le cas où il lui arriverait malheur. La grande vint au secours de sa petite sœur, elle parvint à la tirer hors du bassin. Heureusement la pauvre petite désobéissante n'était pas morte tout à fait, elle respirait encore un peu. Sous un bon rayon de soleil elle se réchauffa et se ranima. Elle vint bien honteuse et bien confuse demander pardon à sa mère, qui embrassa ses deux enfants. La petite mouche désobéissante a été pour toujours corrigée de son vilain défaut.

Je vous cite cet exemple enfantin, Mesdames, comme leçon de la culture de la sensibilité chez les enfants.

Enfin, Mesdames, nous terminons comme toujours, par un extrait de notre code éducatif par excellence, du *Dictionnaire de pédagogie*, extrait relatif au caractère que doit avoir toute école primaire et qui s'adapte aux écoles maternelles :

« L'école, dit M. Buisson, est sans doute un milieu artificiel en ce sens qu'il est tout spécialement constitué en vue de l'enseignement et de l'éducation; mais il doit être un lieu propre au développement de l'individualité, un foyer de lumière et de chaleur, une petite société en raccourci, où se fasse un premier apprentissage de la vie sous ses divers aspects; elle doit favoriser, non pas également, mais harmoniquement, l'exercice des forces diverses qui font l'homme, fortifier le corps, aiguiser l'esprit, stimuler la pensée, assouplir la parole, éveiller la sensibilité, façonner la mémoire, orner l'imagination, cultiver le goût, redresser les travers, dissiper l'humeur, former le caractère. L'école qui ne produit pas ces multiples et complexes effets, ne remplit pas l'office en vue duquel elle est instituée. »

Réfléchissez, Mesdames, à la grandeur de votre tâche, à l'importance de votre mission. Lisez, imprégnez-vous des doctrines de nos maîtres en pédagogie, élargissez votre horizon, amassez des matériaux pour asseoir solidement la base de l'édifice social auquel vous avez l'honneur de participer.

DEUXIÈME CONFÉRENCE

La leçon de choses et son rôle important dans l'éducation intellectuelle; esprit général qui doit inspirer la maîtresse dans le choix et l'exposé de la leçon de choses; plan logique à suivre étant donnée la connaissance approfondie qu'une Institutrice doit avoir de ses élèves et de la manière dont leur viennent les idées.

Mesdames,

J'ai eu l'honneur de vous exposer quel était le but de nos conférences, quel résultat l'administration en attendait. Nous avons parlé éducation; nous avons insisté sur ce mot. Nous avons essayé de vous en faire ressortir toute l'importance et de vous démontrer pourquoi, à l'école maternelle, on doit surtout se préoccuper de l'éducation intellectuelle, de l'éducation morale plutôt que de l'instruction proprement dite.

Vous avez dû comprendre et vous le savez, du

reste, que vous êtes moins chargées de donner des connaissances que de préparer les facultés des enfants à les recevoir. Vous disposez les voies et moyens, vous tâchez d'ouvrir ou mieux d'entre-bâiller les portes pour commencer à faire pénétrer un peu de lumière dans l'âme et dans l'intelligence des enfants. Vous continuez l'œuvre de la mère.

C'est surtout en vue de cette dernière pensée que, dans notre très imparfait et bien sommaire exposé des facultés intellectuelles et sur leur rôle dans l'éducation donnée à l'école maternelle, nous avons insisté sur le côté moral et sur les qualités du cœur. Le mot de Vauvenargues n'est nulle part plus vrai qu'en pédagogie : « Les grandes pensées viennent du cœur. » C'est exact.

Quand vous aurez amené vos petits élèves à éprouver la sensibilité du cœur, vous les aurez mis sur la route du bien et du beau; leur âme sera prête à l'éclosion des bons sentiments, vous tiendrez le fil conducteur de leur éducation; vous les posséderez, vous les dirigerez à leur insu, pour ainsi dire dans la voie où vous voulez les conduire. On le sait, l'éducation du cœur mène à la formation du caractère.

Il y a des écoles où l'idée du devoir domine tellement les élèves qu'elles sont très malheureuses quand la maitresse leur dit avec un accent sincère de vérité : « Vous m'avez fait de la peine. Je ne suis pas contente de vous. »

Il y a des familles, et elles ne sont pas rares, dans lesquelles c'est une très grande punition pour un enfant d'être privé du plaisir d'embrasser son père le soir avant de se coucher.

Nous avons insisté sur ce point qu'à l'école maternelle, il ne faut point d'abstraction. Vous vous rappelez ce que nous avons dit de la conscience, de l'attention, de la volonté, de la sensibilité et des moyens de rendre la culture de ces facultés accessible à l'intelligence des jeunes enfants. Nous répéterons que c'est par des appels fréquents à la raison, par des exemples, que vous arriverez à une évolution mentale positive et sûre..

Ce système repose sur l'éducation progressive des sens.

Rousseau est le premier qui ait compris toute l'importance de l'éducation des sens. « Un enfant, dit-il, est moins grand qu'un homme, il n'a ni sa force, ni sa raison, mais il voit et entend aussi bien que lui. Les premières facultés qui se fondent et se perfectionnent en nous ce sont les sens. Ce sont les premières qu'il faut cultiver. Exercer les sens, ce n'est pas seulement en faire usage, c'est apprendre à bien juger par eux; c'est apprendre pour ainsi dire à sentir. »

Rousseau a recommandé l'éducation théorique des sens. C'est à Pestalozzi, à Frœbel, à Mme Pape-Carpantier, qu'appartient l'honneur de l'avoir pratiquée et de l'avoir fait entrer dans le domaine de l'exercice scolaire. C'est par les *choses* mêmes que ces éducateurs veulent que l'on développe l'intelligence des enfants. Pestalozzi ne se bornait pas seulement à faire voir, il faisait toucher les objets; il obligeait l'enfant à les tourner, à les retourner dans tous les sens, à les peser, à les mesurer. Les six dons du procédé de Frœbel reposent sur les mêmes principes, « de telle sorte, dit M. Gréard, que l'enfant s'habitue à voir, à saisir les aspects, les figures, les ressemblances, les différences, les rapports des choses ».

De toutes ces opérations, il résulte pour l'enfant un travail de l'esprit qui développe l'observation et tourne au profit de son éducation intellectuelle.

Il faut donc, à l'école maternelle, matérialiser les leçons, les rendre sensibles, palpables au moyen d'objets, faire des leçons d'objets, comme on dit en anglais, des *leçons de choses*, suivant notre dénomination française.

La leçon de choses.

Ce qui précède vous démontre le rôle et l'importance de cette leçon dans l'éducation intellectuelle à l'école maternelle.

Comme le dit Herbert Spencer : « A toute étude il faut, comme préface et comme introduction, une série d'expériences, et c'est seulement après avoir acquis un fond d'observations que l'on peut commencer à raisonner. »

Le raisonnement est une conséquence de l'observation. Il faut apprendre à nos enfants à observer pour qu'ils sachent raisonner et ensuite porter un jugement exact sur un objet quelconque. « Dans la leçon de choses, on observe un objet, non pas seulement pour le connaître, mais surtout pour apprendre à observer.

C'est là le but principal de la leçon de choses.

Ce genre de leçons est une application de la méthode intuitive aux connaissances de l'ordre sensible.

Mais qu'appelle-t-on méthode *intuitive?* C'est là un mot de la pédagogie moderne. Autrefois, on ne connaissait ni le mot ni son application à l'enseignement, à moins qu'on ne fît de l'intuition à l'école, comme M. Jourdain, de la prose, sans le savoir.

Il n'est pas sans intérêt pour nous, Mesdames, de dire un mot de l'intuition et de la méthode intuitive, puisque la leçon de choses n'en est que le corollaire, ou mieux l'application indispensable; c'est le précepte que l'on fait suivre d'un exemple, une leçon de théorie qui est suivie d'une leçon pratique.

Avons-nous bien réfléchi à la définition même du mot intuition?

On appelle intuition, suivant Littré, la connaissance soudaine, spontanée, indubitable, comme celle que la vue nous donne de la lumière et des formes sensibles, et, par conséquent, indépendante de toute démonstration. *Un et un font deux* est une proposition intuitive et non susceptible de démonstration.

C'est là une vérité aperçue par l'esprit, comme la lumière l'est par l'œil.

Il en est de même si je dis que le tout est plus grand que la partie, que tout fait a une cause. Cela est, cela se comprend.

Il y a une autre intuition, qu'on appelle intuition morale. Nous avons eu, nous, l'intuition du bien, du vrai, du beau, du devoir; c'est la prise de possession, à la fois, par l'esprit, par le cœur et par la conscience de ces actions, de l'ordre moral de ces vérités indémontrables, et qui sont comme les régulateurs de notre conduite. Cette intuition-là consiste dans la perception intime et comme native des vérités primordiales de la justice, de la raison, de la conscience; par exemple, nous nous précipitons au secours de quelqu'un qui est menacé de périr, nous voulons qu'on respecte le bien d'autrui, nous songeons à venir en aide à nos parents âgés. Ces vérités-là sont au fond de toute âme humaine : ce sont des vérités instinctives. Il appartient à l'école, à l'éducation de les mettre en évidence, de les éveiller. Cela se fait plutôt par l'exemple que par les leçons théoriques, du moins avec de jeunes enfants.

A l'école maternelle surtout, il faut parler aux sens et faire de l'intuition sensible pour arriver à l'intuition intellectuelle ou au développement de l'intelligence.

Nous avons donc, en nous, trois sortes d'intuitions : l'intuition *mentale*, qui s'exerce par le jugement sans l'intermédiaire de phénomènes sensibles; l'intuition *morale*, qui est du domaine du cœur et de la conscience; et l'intuition *sensible*, celle qui s'exerce au moyen des sens.

Ces trois intuitions embrassent tout l'être humain, puisqu'elles s'adressent aux sens, à l'esprit et au cœur.

La méthode intuitive ou intuition sensible est celle qui, dans tout enseignement, dans toute leçon, fait appel à l'esprit de l'enfant pour l'amener à découvrir la vérité; c'est une méthode au moyen de laquelle l'enfant n'a plus ce rôle passif de l'écolier d'autrefois; il est devenu, au contraire, comme l'auxiliaire et le collaborateur du maître; il prend une part active aux leçons; on l'amène, par des questions bien posées et en procédant du connu à l'inconnu, à découvrir ce qu'il ignorait; son esprit s'ouvre peu à peu à la lumière non par des éclaircissements qu'on lui jette à la face et qu'on lui impose, mais par l'écartement progressif d'un voile qu'il soulève pour ainsi dire de ses propres mains. Il joue un rôle, il est acteur dans les exercices de sa propre éducation. Au lieu de pousser son élève, comme malgré lui dans la voie indiquée, le maitre le fait gaiement et joyeusement marcher à ses côtés en lui laissant, bien entendu, sa part des difficultés de la route. Car n'oublions pas que l'enfant a aussi des efforts à faire : et il faut qu'il en ait, car, suivant l'expression de M. Gréard, « si nous avons banni l'ennui de nos classes, gardons-nous d'en faire un peu trop sortir l'effort ».

Mesdames, la méthode intuitive, appliquée à l'école primaire, n'a pas d'autre secret. « Elle traite l'enfant, dit M. Buisson, dans sa remarquable conférence aux instituteurs, à l'Exposition de 1878, comme un être qui a en lui-même l'instinct du savoir et toutes les facultés nécessaires pour l'acquérir; elle s'applique à laisser faire la nature autant que possible. Sans doute, la nature ne suffit pas toujours, mais au moins ne faut-il pas la rebuter; c'est ce qui distingue l'éducation du dressage; l'une développe les dispositions naturelles, l'autre n'obtient que des résultats apparents à l'aide de procédés mécaniques. »

Avec l'un on fait un homme, avec l'autre une machine.

Inutile d'insister. Votre choix est fait.

Ce qui vient d'être dit suffit pour vous démontrer l'importance de la leçon de choses dans l'éducation intellectuelle à l'école maternelle.

Nous allons essayer de faire voir quel esprit général doit vous inspirer dans le choix et dans l'exposé de ce genre de leçons?

Vous avez compris que l'intuition sensible, celle dont il est question dans vos leçons de choses, doit se développer par une suite d'exercices savamment réglés. C'est une faculté qu'il faut diriger avec tact et intelligence, si l'on ne veut pas la frapper de stérilité. Rousseau l'a dit : « Nous ne savons ni toucher, ni voir, ni entendre que comme on nous l'a appris; exercer les sens des enfants, ce n'est pas seulement en faire usage, c'est leur apprendre à bien juger par eux-mêmes et, en quelque sorte, leur apprendre à bien sentir et à observer. »

Si l'exercice aiguise, affine et fortifie nos facultés de perception externe, vous comprenez que ce ne sont pas seulement les sens ou instruments matériels qui y gagnent, c'est le jugement et, par suite, le bon sens et la raison. L'instruction sensible devient alors de l'observation; l'enfant n'est plus seulement capable de voir et d'entendre, il sait regarder et écouter, il ne subit plus seulement des sensations, il éprouve des sentiments. C'est cette faculté que Fénelon désirait qu'on exerçât chez les enfants « en remuant, en activant tous les ressorts de leur riche âme ». Écoutez ce résumé extrait du *Dictionnaire de pédagogie :*

« La méthode intuitive n'est pas la méthode de tous les âges, c'est exclusivement celle de l'enfance; à l'enfant, elle rend l'étude aimable, facile, féconde; à l'enfance, elle fait entrevoir dans toute sa poésie, dans toute sa fraîcheur, ce monde de choses et d'idées qu'elle ne commence pas par lui présenter catalogué comme dans un musée, mais vivant, divers, mobile, riche et plein d'attraits comme la nature elle-même. La méthode intuitive dans l'éducation, c'est l'enfant voyant, touchant, découvrant, non pas toute la science, mais ce qui, dans la science, est à sa portée; elle évite de décolorer, de figer, de glacer, de systématiser, de dénaturer; elle sait donner aux enfants une première vue, un premier coup d'œil, très sommaire, très insuffisant, mais qui a du moins ce bienheureux effet de leur causer une première et douce impression, de leur faire comprendre et aimer en enfants ce qu'ils apprendront plus tard à comprendre et à aimer en hommes. »

Nous ne saurions trop vous prier, Mesdames, de peser toutes ces réflexions aussi profondes que sages et pratiques.

En y réfléchissant, vous devez comprendre quelle somme de connaissances solides il vous faut posséder, quelles ressources d'imagination vous devez avoir, quels trésors de savoir-faire il vous faut dépenser pour pouvoir sûrement vous adresser ainsi à l'intelligence, au cœur et à l'âme des jeunes enfants qui vous sont confiés.

Il ne suffit pas d'avoir un diplôme de capacité et une nomination, c'est seulement alors que les difficultés commencent et que commence aussi à peser sur vous la lourde responsabilité qui vous incombe.

Il vous faut lire, le crayon ou la plume en main, nos maîtres en pédagogie, pour vous inspirer de leurs idées et pour vous en pénétrer fortement.

Il vous faut préparer vos leçons, non en courant et d'une manière superficielle, mais de façon à en bien posséder la matière pour la rendre plus accessible aux enfants; ne jamais perdre de vue que la leçon de choses est difficile à faire, quand on veut à la fois instruire, intéresser et moraliser les enfants.

Plan logique à suivre.

Nous avons eu l'honneur, dernièrement, de faire subir à un grand nombre de candidats l'épreuve du certificat d'aptitude pédagogique. Les leçons de choses constituent une des matières du programme; nous avons dû écouter bon nombre de ces leçons faites par les candidats.

Cette épreuve était généralement faible et nous a mis plus d'une fois sur les épines; c'est, je le répète, qu'il faut beaucoup et bien savoir pour donner des détails sûrs et précis en langage exact et sérieux dans sa simplicité, dans sa familiarité, même sur le moindre fait qu'on prétend expliquer pour satisfaire la naïve curiosité d'un petit enfant.

Aussi, que de mots vides et incompris, que de paroles inutiles ou hors de portée, dans ces prétendues leçons de choses, quand ce ne sont pas des banalités ou même des erreurs. Je relisais récemment les notes et impressions que j'ai prises au cours de ces leçons; en voici quelques-unes :

— Longue digression hors du sujet. — Est à côté de la leçon. — Ne connait pas le premier mot scientifique de la matière. — Parle, parle, sans s'assurer qu'il est suivi, qu'il intéresse, qu'il est compris. — Ne questionne pas, ne fait pas parler les enfants. — Oublie qu'il a un tableau noir qui pourrait lui servir pour ses démonstrations. — Le résumé comprend des faits qui n'ont pas été exposés, expliqués pendant le cours de la leçon. — Côté moral complètement négligé. — Leçon sur le pain; n'a pas su intéresser, a parlé de la fermentation sans expliquer le mot et sans dire à quelle cause elle est due. — S'embrouille sur la nature et sur la qualité des aliments nutritifs; a voulu donner des notions scientifiques, n'a dit que des erreurs qu'il a exposées dans un langage diffus et prétentieux. Leçon nulle. — Je m'arrête.

Et maintenant quel plan à suivre, quelle méthode à adopter pour l'exposé d'une leçon de choses à l'école maternelle.

Elle a pour but :

1° D'apprendre aux enfants à observer les choses, à les nommer, à les comparer;

2° De saisir dans l'enfant l'être humain tout entier pour développer et former à la fois chez lui les sens, le jugement, l'imagination et, par le côté moral de la leçon, le sentiment ou le cœur;

3° D'enrichir le vocabulaire de l'enfant, de l'habituer à parler, à raisonner, à exprimer sa pensée;

4° Enfin, elle a pour but de donner à l'enfant un commencement, une simple ébauche de connaissances, bien nette, bien précise et surtout bien exacte. Peu et bien.

On s'est demandé si la leçon de choses doit former toujours un exercice distinct, une leçon spéciale, ou si la méthode intuitive, l'intuition sensible ne trouverait pas dans l'école bien d'autres occasions de s'exercer heureusement.

A notre avis, la leçon de choses proprement dite doit avoir son heure et former un exercice distinct à l'école maternelle et dans les petites classes des autres écoles, mais il faut user de la méthode intuitive, c'est-à-dire parler aux sens pour l'étude de toutes les matières du programme. C'est ce que nous essayerons de démontrer tout à l'heure.

La leçon de choses distincte, spéciale, faite suivant un plan arrêté à l'avance et d'après un programme déterminé, consistera-t-elle en un exposé dogmatique fait par la maitresse comme cela a lieu pour le professeur de lycée ou de faculté, ou bien mettra-t-elle en jeu l'action des enfants par des questions, des interrogations ?

Les enfants sont légers et souvent peu attentifs. Ils sont, dans tous les cas, incapables de suivre un raisonnement si logique qu'il soit, sans une participation directe de leurs facultés et sans un appel incessant de chacune d'elles. La maitresse procédera donc, après la mise en scène que vous savez, par des interrogations, de façon à soutenir l'attention des enfants, à éveiller leur esprit d'examen, de recherches et d'investigations ; elle s'arrangera de façon à ce que les enfants voient, sentent, trouvent et comprennent; la leçon n'aura d'intérêt pour eux que si la maitresse sait s'ingénier pour susciter en eux l'esprit d'observation, de recherche, et si elle sait leur laisser leur part d'initiative personnelle.

Je viens de parler de mise en scène. Il en faut une. Vous avez toutes lu certainement la conférence type, la conférence modèle, l'excellente leçon de choses que Mme Pape-Carpantier a faite aux instituteurs, à l'Exposition de 1867. L'éminente directrice a fait sa conférence comme si elle s'adressait à des enfants.

— Je vous demande la permission, dit-elle, de vous transporter en esprit dans une salle d'asile.

Par où va-t-elle commencer? Par exciter l'intérêt, la surprise, la curiosité des enfants.

Une boite était sur la table. Que peut-il bien y avoir dans cette boite?

Vous voyez la mise en scène! Le plaisir de la surprise est très grand chez les enfants. Nous l'avons tous éprouvé étant petits; qui oserait nier que nous ne l'éprouvons plus étant hommes?

Mme Pape-Carpantier ne manque pas d'en profiter de façon à préparer son auditoire, à lui faire concentrer sur la leçon tout l'intérêt que la nature de l'enfant comporte.

Mme Pape ouvre la caisse et en tire une corbeille fermée.

Le plaisir de la surprise s'accroit, l'attention grandit.

— J'ai là-dedans, dit-elle, quelque chose de bien précieux, c'est la chose la plus précieuse qu'il y ait sur la terre, un trésor, quoi! Aucun de vous ne saurait le deviner.

Vous voyez d'ici l'ardent désir des enfants. (Faut-il ajouter que les quinze cents grands auditeurs de la Sorbonne étaient aussi intrigués que l'eussent été les petits auditeurs supposés.)

Les enfants vont tous se dire entre eux : c'est de l'or, des bijoux.

— Mieux que cela, vous n'y êtes pas.

Mme Pape ouvre la corbeille et en tire... un morceau de pain.

— Oui, mes enfants, le pain est précieux. Quand vous avez faim, que demandez-vous à votre maman? Du pain. Sans pain, que deviendrait-on? Qui travaille pour que vous ne manquiez pas de pain? Le père. Oui, le papa et, en récompense de ses peines, de ses sueurs, de son travail, que lui donne-t-on?

Le pain est la base de notre nourriture.

Pourrions-nous vivre seulement avec de la viande? Oh! non. Avec des légumes non plus. Il faut du pain.

Puis vient la fable du roi Midas, qui changeait en or tout ce qu'il touchait. Ses aliments se changeaient en or. Il serait mort de faim si cela avait duré. Vous savez ce que c'est qu'une fable, c'est un récit imaginé, inventé, comme la fable du *Corbeau et du Renard*, de *la Cigale et la Fourmi*.

— Mais, voyons, avec quoi fait-on le pain?

Il se fait avec cette chose que voici.

Mme Pape montre un petit sac de farine :

— Voyez, c'est une poudre blanche; c'est de la farine.

Mais j'ai encore là un autre sac de poudre blanche, voyez. Ces deux poudres se ressemblent. Avec celle-ci, on ne fait pas le pain; les maçons s'en servent pour la construction des maisons. Elle s'appelle du plâtre. Nous avons ici de la craie, si nous l'écrasions, nous aurions encore une autre poudre blanche. C'est avec la craie qu'on fait la chaux. Le plâtre, la chaux, proviennent des pierres que l'on trouve dans la terre.

Mais la farine, elle, provient-elle d'une pierre écrasée?

Où trouve-t-on la farine? Est-ce dans la terre, comme le charbon, les pierres?

Mme Pape présente une poignée d'herbe verte. C'est de cette plante que nous vient la farine. Mais, attendez, cette plante n'est pas mûre. Il faut qu'elle grandisse encore, qu'elle mûrisse et qu'elle devienne comme les belles tiges que voilà.

Mme Pape tire de la caisse quelques épis de blé mûr, des grains de blé.

Vous connaissez la suite. Mme Pape parle ensuite de la charrue, de la semaille du blé, expose un petit modèle de charrue, fait la description de toutes ses parties, parle avec attendrissement des bons animaux domestiques qui tirent la charrue et n'oublie pas, en passant, de faire remarquer les immenses services qu'ils rendent et insiste sur les soins et les bons traitements qu'on leur doit.

Vous le voyez, le côté instructif, le côté éducatif, l'appel aux sentiments du cœur, tout est mis simultanément en œuvre.

On pourrait joindre à cette leçon et sur le même sujet, après un repos, un chant, une promenade ou des mouvements, un exercice de lecture, d'écriture, d'orthographe et même de dessin. Il faudrait pour cela que la maitresse écrivit au tableau noir les mots sur lesquels ont porté les points principaux de la leçon, par exemple : pain, blé, farine, plâtre, chaux, charrue, semailles, bœufs, chevaux. Faire décomposer les mots en syllabes, les faire écrire, lire, faire voir qu'on écrit *pain*, *pin*, *chaux*, *chaud*. Expliquer la différence de ces mots, faire remarquer qu'on dit un cheval, des chevaux, etc., et cela en y mettant de l'entrain, de l'action, en aidant du geste, de la voix, du tableau, et en faisant toujours intervenir les enfants.

Votre leçon de choses s'adressant aux sens est devenue, comme conséquence, une leçon d'intuition s'appliquant aux autres matières d'enseignement.

Puis vient le dessin : le dessin d'une charrue que les enfants essaieront de reproduire sur leur ardoise. Le maître en expliquera les diverses parties, les nommera, en écrira même les noms.

Le dessin à lui seul rappellera toute la leçon et la résumera.

Que de choses à dire, que de remarques à faire, que d'idées à faire naitre, que de mots, de paroles, de phrases à tirer des enfants à propos d'un dessin, d'un objet quelconque.

Pour la marche à suivre, il faut se conformer à l'ordre dans lequel se succèdent les perceptions de l'intelligence. Si vous présentez à un enfant un objet qui lui soit inconnu, il sera d'abord frappé par la couleur de cet objet, puis il en distinguera la forme, voudra en connaître l'usage, la matière, la provenance. Telle est la succession naturelle des idées que l'observation fait naître chez l'enfant.

Je vous donne le conseil de lire et de relire tous les ouvrages de Mme Pape-Carpantier. C'est une grande institutrice, mais c'est surtout une admirable mère de famille, qui ne veut pas de « patients » dans une école. Elle entend substituer aux méthodes abstraites du passé, des procédés plus en harmonie avec la nature de l'enfant. Ce sont des entretiens aimables, animés, que la maîtresse doit avoir avec ses élèves.

Les leçons qu'elle nous a laissées comme exemples sont semées d'anecdotes charmantes qui ont dû captiver plus d'un auditoire. Vous ne sauriez trop vous en inspirer.

Si maintenant vous voulez puiser à une autre source pour les leçons spéciales, dites leçons de choses, vous trouverez de solides et substantielles réflexions dans son ouvrage du philosophe et professeur anglais Bain, intitulé : *la Science de l'éducation*. Tout ce que ce maître éminent a écrit sur la pédagogie, sur les leçons de choses, est d'une grande sagacité, en même temps que d'une saine philosophie. M. Bain, lui aussi, connait bien l'enfant. « Les leçons de choses, dit-il, doivent s'étendre à tout ce qui sert à la vie, à tout ce qui a trait à des phénomènes de la nature, mais s'enfermer dans ces limites. »

Elles doivent porter d'abord sur des objets familiers aux élèves, compléter l'idée qu'ils ont déjà, en ajoutant aux qualités qu'ils ont observées d'eux-mêmes, celles qu'ils n'avaient pas remarquées, et qu'on veut précisément leur faire connaitre.

La leçon de choses, dit-il encore, ouvre aux enfants trois vastes domaines : l'histoire naturelle, les sciences physiques et les arts utiles ou tout ce qui sert aux besoins journaliers de la vie ordinaire. Pour faire une leçon de choses, on recommande le plus souvent aux maitres d'indiquer d'abord l'apparence ou les qualités sensibles d'un objet et d'en faire connaitre ensuite les usages. Il vaudrait mieux commencer par indiquer ces usages en choisissant ceux qui se présentent le plus naturellement, parce qu'un usage est une qualité en action, et que notre intérêt pour les choses est d'abord éveillé par l'action qu'ils exercent.

Le professeur anglais donne comme exemples plusieurs leçons de choses, le *verre;* une autre, le *chameau*. Cette dernière est tout particulièrement intéressante. Se servir d'une gravure, ou dessiner un chameau. Avoir étudié préalablement les animaux domestiques tels que le cheval, l'âne, la vache, le mouton. La description zoologique du chameau, ses pieds, sa bosse, son estomac, ses genoux. Il parcourt le désert. Ce désert, en donner une idée aux enfants par comparaison avec la campagne qu'ils connaissent; point de rivières, point d'arbres, point d'ombrage, point de fruits, même pas un brin d'herbe, rien que le sable, toujours le sable, point de maisons, de villages, rien, rien que le soleil brûlant et le sable, c'est le désert. Voilà le désert. Vous le figurez-vous? Usages précieux du chameau dans le désert, pour le traverser, pour aller d'un endroit à un autre, d'une oasis à une autre oasis (expliquez ce mot). Point de routes, point de chemin de fer? Comment feraiton sans les chameaux? Où se trouvent les déserts, etc., etc.

Vous voyez d'ici l'attention des enfants!

Que de choses à leur apprendre et quels horizons nouveaux à ouvrir à leur intelligence!

Naturellement, pour exposer ces faits et donner des notions de science aux enfants, la première condition, c'est de les posséder, c'est de savoir. Donc, si on ne sait pas, il faut lire, il faut apprendre. Il n'y a pas à sortir de là.

Une autre condition de succès, c'est d'avoir un programme de leçons, une direction et de s'y conformer.

Pour nos écoles ordinaires, nous avons un programme qui nous donne pour chaque cours un ordre de leçons et qui indique les principales questions à traiter.

Rien de pareil n'existe pour les leçons de choses des écoles maternelles.

Mais si, je me trompe! Voyez les programmes des écoles élaborés par le Conseil supérieur en 1882, et qu'on appelle les programmes de juillet 1882, vous y trouverez une annexe empruntée à un article du *Dictionnaire de pédagogie*, dû à M. Félix Cadet. Cette annexe constitue un programme de petites leçons de sciences et de choses, qui peut et doit, sous forme de leçons collectives, recevoir son application dans les classes élémentaires des écoles ordinaires et dans les écoles maternelles.

Ce programme est complet. M. Félix Cadet, précédemment inspecteur du XVe arrondissement, l'a mis, avec succès, en 1879, à l'essai dans deux salles d'asile de sa circonscription.

Le Conseil supérieur l'ayant adopté, le personnel des écoles maternelles y puisera d'utiles renseignements et de précieuses indications.

M. Cadet rattache à la leçon de choses proprement dite le dessin, la leçon de morale, les jeux, les chants, de manière que l'unité d'impression de ces diverses formes d'enseignement laisse une place plus durable dans l'esprit et dans le cœur des enfants.

Enfin, l'ordre des leçons est réglé par l'ordre même des saisons [1], afin que la nature nous fournisse les objets sensibles et palpables de ces leçons, et que l'enfant contracte ainsi l'habitude d'observer, de comparer, de juger.

Ainsi, en octobre, il s'agit de la vendange. On parle de la vigne, du raisin, du vin, des pommes, du cidre. En juin, de la fenaison, etc.

Enfin, pour nous résumer sur la question si importante de la leçon de choses, nous dirons que l'enseignement qu'elle donne vaut surtout par la manière dont il est donné. La première maîtresse venue peut, tant bien que mal, apprendre à lire, à écrire. Mais je répète, et je ne le dirai jamais trop, que pour faire une bonne et fructueuse leçon de choses, il faut un fonds solide de connaissances étendues et variées, de l'imagination, du jugement; une certaine puissance d'analyse et encore le don d'intéresser par une parole nette, sympathique. Donc peu de leçons nécessitent une préparation plus minutieuse et plus soutenue. Suivant M. Bain, dont nous avons déjà parlé, voici la marche à suivre et les procédés à employer :

1° Mettre sous les yeux des enfants (dessin au tableau noir) des images, ou des objets, ou la

[1] L'ouvrage de MM. Cuissart et Cavayé, *Les Saisons et les Mois*, est en tout point conforme à ce programme. Librairie Picard et Kaan. Prix : 1 fr. 20.

représentation de l'objet auquel la leçon emprunte son titre.

2° Le faire nommer. Les enfants diront tout ce qu'ils savent de ses propriétés, de ses usages.

Ce début sera court. C'est l'entrée en matière destinée à intéresser les élèves.

3° Assurée de la curiosité et de l'attention, la maîtresse expose la leçon.

4° Puis interrogations variées, enchaînées, progressives.

5° Enfin, faire résumer, rapporter la leçon par un enfant, en rectifiant ou complétant s'il y a lieu, redressant le langage, etc.

Pour vos études personnelles et vos préparations à ces leçons si importantes, avec l'ouvrage de M. Bain, dont nous avons déjà parlé, vous aurez à consulter le *Dictionnaire de pédagogie*, dont il vous faudrait pouvoir lire et copier tous les articles se rapportant aux mots : *sens*, *éducation*, *intuition*, *leçons de choses*, *facultés*, et bien d'autres; vous lirez aussi avec fruit également les réflexions philosophiques de M. Perez, dans son livre intitulé : *l'Enfant de trois à sept ans*. C'est la psychologie complète de l'enfant dans cette période typique d'évolution qui est précisément l'âge de l'école maternelle.

Ce n'est pas tout. Outre les livres spéciaux de pédagogie pure, les ouvrages de sciences, de réflexions, de travaux, d'études personnelles, qui doivent composer la bibliothèque de toute maîtresse d'école qui aime passionnément ses fonctions, sa classe, les enfants, il faut encore autre chose. L'institutrice vraiment digne de ce nom ne peut rester étrangère aux publications qui s'adressent exclusivement aux petites écoles. Ayez-en une, deux, si vous le pouvez, vous en tirerez toujours quelque profit pour vos élèves et pour vous.

Nous avons essayé, Mesdames, de vous donner une idée de l'enseignement intuitif à l'école maternelle et de son application à l'exercice qui le caractérise le mieux, à la leçon de choses.

Mais j'ai dit plus haut que la méthode intuitive pourrait encore trouver l'occasion de s'exercer fructueusement dans les autres leçons de l'école.

Ce qu'il faut, c'est ne pas faire de nos enfants des automates et, pour cela, il est essentiel de leur donner le pourquoi et la raison de tout.

On doit dans tout enseignement chercher à satisfaire la curiosité de l'enfant, appeler son attention sur des objets palpables, sensibles, pour l'amener à la découverte ou à la compréhension du précepte, du mot ou même de la lettre à étudier.

Ainsi, vous faites de l'intuition quand, pour la lecture, au lieu de montrer successivement toutes les lettres de l'alphabet, vous appelez l'attention de l'enfant d'abord sur une image qui représente quelque chose qu'il connait. De l'image vous passez à son nom. Du nom, vous en détachez un son, son que l'enfant a émis souvent, qu'il émet. Puis, pour associer le sens de l'ouïe au sens de la vue, vous donnez un corps au son ou à la lettre à étudier, vous l'écrivez, vous la représentez, vous la faites voir et reproduire telle qu'elle se trouve dans les livres imprimés et telle qu'on l'emploie en écrivant.

L'intuition, l'appel aux sens, se poursuit en composant avec les sons et les lettres étudiés sitôt que cela se peut, sans attendre leur étude complète, de petits mots à la portée des enfants que vous faites lire et reproduire[1]. L'enfant avance pas à pas, graduellement, comme lorsqu'il apprend à marcher. Et puis quel intérêt l'enfant apporte à ces exercices variés! Il sait lire un mot, il sait l'écrire. Quel puissant moyen d'émulation!

Comparez cela avec la méthode qui consistait autrefois à faire étudier sèchement, froidement, toutes les lettres de l'alphabet, puis les syllabes monotones, puis l'épellation plus monotone encore. Quel désert à traverser pour la pauvre petite intelligence de l'enfant et surtout quel supplice pour elle!

Vous faites de l'intuition un appel aux sens quand vous expliquez la formation des lettres en écriture, quand vous faites voir, comprendre

[1] Voir la *Méthode de lecture* de M. Cuissart. 1er livret : 30 c. 2e livret : 50 c.

le rapport et la corrélation qui existe entre elles. L'écriture est un dessin, une imitation, mais il faut rendre l'imitation intelligente et jamais machinale.

Vous faites de l'intuition quand, en arithmétique, au début, vous rejetez les abstractions pour n'employer jamais que des nombres concrets, des nombres qui représentent quelque chose, que les enfants connaissent, possèdent, manient ou voient. C'est surtout en arithmétique que tout s'explique. Dire pourquoi on agit ainsi et pas autrement. Il y a à cela une raison, la donner, l'expliquer, la faire comprendre.

Vous faites de l'intuition, vous parlez aux sens de l'enfant, quand, en géographie, vous procédez du proche à l'éloigné, de la partie au tout; quand vous entretenez d'abord l'enfant de ce qu'il a sous les yeux, tout près de lui. Peu à peu, par analogie, en étendant progressivement son horizon, vous lui faites comprendre les grands phénomènes qu'il n'a pas vus à l'aide de ceux qu'il voit.

Vous faites de l'intuition dans l'étude de la langue si vous avez toujours présent à l'esprit ce précepte du père Girard, du grand instituteur suisse, « les mots pour les pensées, les pensées pour le cœur et la vie ». Ne laissez jamais passer un mot sans l'expliquer, sans faire naître une idée, une pensée sous la signification qu'il exprime.

Vous faites de l'intuition à l'école, dans l'étude de la grammaire si, au lieu de faire réciter par cœur le mot à mot du livre, vous amenez l'intelligence de l'enfant par des exemples, des rapprochements, des comparaisons, à trouver la règle et à reconnaitre l'importance qu'il y a pour lui de la savoir, de la posséder, de la comprendre pour pouvoir en faire l'application.

Je n'insiste pas plus longtemps. Cela nous mènerait trop loin.

Si vous avez lu le préambule, qu'on pourrait appeler l'exposé des motifs, du nouveau programme des écoles primaires, vous avez dû voir qu'il est constamment fait appel aux moyens intuitifs d'éducation intellectuelle et morale; que cet appel est incessant, qu'il est souvent question du jugement propre de l'enfant, de son appréciation personnelle sur ses actes et sur ceux d'autrui; qu'il est recommandé de l'initier aux émotions morales, de les lui faire souvent éprouver, en lui signalant une misère à soulager, en lui donnant l'occasion d'un acte de charité à accomplir avec discrétion; en lui inculquant partout et toujours des sentiments d'amour et de pitié pour les faibles et les malheureux, de courage et de sacrifices, de dévouement et de patriotisme.

Ce sont là aussi, Mesdames, d'utiles, de précieuses leçons de choses, car ce sont des enseignements directement arrachés au cœur qu'ils doivent émouvoir et toucher, et à l'intelligence qu'ils doivent éveiller et développer.

Mesdames, n'oubliez pas votre double rôle d'institutrices et surtout d'éducatrices; songez que, dans le petit enfant, vous avez à développer l'être physique, l'être intellectuel, les sens et l'âme, le sens pratique et le sens moral. Rappelez-vous que comme moyen d'action pour accomplir cette œuvre immense, pour vous acquitter dignement de cette grande, belle, noble mission, la plus importante de toutes, vous n'avez que la ressource de votre parole et celle des sentiments de votre cœur.

Je termine et je ne puis mieux le faire que par cette pensée que je cueille dans l'excellent Cours de pédagogie de mon collègue et ami, M. Chaumeil : « N'envisageons que notre devoir; faisons-en le régulateur de notre conduite, c'est le moyen de réussir et d'être heureux. »

Oui, Mesdames, on ne saurait trop souvent le répéter, travaillons avec courage, instruisons-nous, étudions nos maitres en pédagogie, et toujours et partout, faisons plus que notre devoir pour pouvoir faire notre devoir.

TROISIÈME CONFÉRENCE

Des exercices de langage; du vocabulaire de l'enfant; rapports intimes des idées et des mots qui les expriment; moyens divers à recommander pour que les enfants des écoles maternelles puissent se familiariser avec le plus grand nombre possible d'idées et de mots, à l'aide des leçons de choses, de l'explication des images, de conversations ayant pour objet ce que l'enfant connait, ce qu'il voit journellement autour de lui.

MESDAMES,

Nous ne reviendrons pas longuement sur le sujet de notre dernière conférence; elle a eu pour objet, vous le savez, l'enseignement intuitif. Nous avons essayé de vous définir ce procédé et de vous en faire apprécier l'importance; nous avons dit comment et d'après quels principes vous devez présenter vos leçons pour pouvoir, je ne dis pas amuser, mais intéresser les enfants, les attirer au travail, non par l'espoir d'une récompense ou la crainte d'une punition, mais par la satisfaction que procure le travail en lui-même.

Nous avons parlé du développement des facultés des enfants, de la direction à imprimer à leurs sentiments, pour les amener peu à peu à aimer ce qui est bien, ce qui est juste, pour leur faire connaitre et aimer leurs devoirs.

Nous vous avons recommandé de traiter vos petits enfants comme de grandes personnes, en faisant appel à leurs réflexions, à leur jugement, et en essayant de leur donner une idée de leur propre responsabilité.

Les leçons de choses, avons-nous dit, faites dans un langage à leur portée, doivent surtout amener vos petits élèves à voir, à juger, à observer, à comparer, et cela au moyen de questions qui ouvrent leur intelligence à des horizons nouveaux, à des principes élémentaires, mais exacts et vrais, de connaissances pratiques qu'ils aborderont plus tard.

Nous devrions revenir encore sur ces leçons de choses qui sont la base et l'essence même de l'enseignement à l'école maternelle; cet enseignement est purement oral et repose tout entier sur la valeur intellectuelle et professionnelle de la maitresse.

Toutes vos leçons, Mesdames, doivent donner lieu à des démonstrations, à des explications, à des comparaisons, à des exemples; si votre raisonnement est bien amené, logiquement conduit, il servira à faire naitre des idées dans l'imagination de vos élèves; vos questions adroitement posées les obligeront à vous répondre, par conséquent à parler, à trouver le mot qui convient pour rendre leur pensée.

Qu'est-ce que la parole? — C'est l'expression de la pensée.

L'école maternelle n'a pas seulement pour but de faire naitre des idées chez les enfants, elle doit, comme conséquence, leur apprendre à les exprimer, elle doit leur apprendre à parler.

Toutes les leçons doivent être des exercices de langage.

Commencez par donner le mot, mais que sous le mot il y ait toujours l'idée qu'il exprime ou représente.

Il en est de la langue maternelle comme de toute autre langue; pour la savoir, il faut connaitre la signification du plus grand nombre possible des mots qui la composent. Le vocabulaire de l'enfant qui apprend sa propre langue suit la même marche logique de celui d'un adulte, d'un homme fait qui apprend une langue étrangère, il se forme, peu à peu, par additions successives.

Quand j'écris ou que je prononce le mot *cheval*, les enfants savent tous ce que ce mot veut dire; ils ne se représentent ni un bœuf, ni un chien, ni un âne. Ce mot n'est pas nouveau pour eux et ils savent donner à l'animal qu'il désigne sa véritable représentation; mais supposez qu'un petit enfant élevé à Londres ou à Berlin, ou à Madrid, arrive un beau matin à votre école, ne sachant pas un seul mot de français, pensez-vous qu'en prononçant ou écrivant le mot *cheval*, ce mot éveillera en lui la pensée de ce quadrupède, la plus noble conquête que l'homme ait faite, comme le disait Buffon?

Du tout. Je sais comment vous vous y prendriez? Vous vous diriez : cet enfant entend le mot *cheval*, c'est tout simplement pour lui une émission de voix; eh bien, comme je ne puis lui donner aucune explication dans sa langue, je vais lui montrer sur une image l'animal désigné par le mot prononcé. Si maintenant vous écrivez ce mot cheval au tableau, vous associerez dans l'imagination de l'enfant, à la fois le mot, la chose et la représentation écrite du mot.

On ne procède pas autrement pour l'étude d'une langue étrangère, mais que sont les enfants, les quasi-nourrissons qui arrivent pour la première fois à votre école? Ne sont-ils pas fort étrangers aux choses et aux mots de notre langue maternelle?

J'insiste sur ce point important, car le mot prononcé, le mot écrit, le mot représenté en image constitue une triple association d'idée qui facilite le développement intellectuel de l'enfant.

Pour que la parole serve à communiquer la pensée, retenez bien ceci, Mesdames, il faut qu'elle soit commune entre celui qui parle et celui qui écoute. Il faut donc toujours vous assurer que vous êtes comprises. Quand vous montrez ou prononcez un mot, si ce mot n'éveille pas une idée chez l'enfant, vous lui parlez une langue qu'il ne connait pas, il ne vous comprend pas.

J'écris au tableau noir, devant vous, les mots : *horse*, *pferd*, *caballo*, *equus*, *hippos*, vous ne saurez pas la signification de ces cinq mots, si vous ne connaissez pas la langue à laquelle ils appartiennent. Ces mots désignent le cheval en anglais, en allemand, en espagnol, en latin et en grec.

Si au lieu de les écrire je les prononce, vous entendez les sons émis par la voix. Mais, pas plus que leur représentation écrite, les sons ne vous disent rien, parce qu'il n'existe en vous aucun rapport entre le mot écrit ou parlé et sa signification.

Connaitre les mots d'une langue, c'est savoir cette langue, mais, pour savoir, il faut apprendre.

A l'école maternelle, l'étude de la langue se fait, non par des devoirs spéciaux, mais par la parole de la maitresse, et au moyen de toutes les leçons de l'école qui ne sont, à proprement parler, que des exercices de langage.

Procédés et moyens à employer.

Quand un enfant ouvre un livre, sût-il lire, la première chose qu'il fait, ce n'est pas de lire les titres de chapitres, mais de voir s'il y a des images. Du reste, n'allons pas chercher les enfants. Est-ce que nous-mêmes n'en faisons pas autant? Ne sommes-nous pas de grands enfants sous ce rapport?

Pourquoi ce premier mouvement? Parce que la gravure, l'image, comporte tout un enseignement qui parle à la fois à notre imagination, à nos sens.

L'amour des images est très grand chez les enfants, parce que l'œil est celui de nos sens qui nous apporte le plus de sensations et d'idées à la fois. L'image, même imparfaite, même grossièrement bariolée, les attire et les charme.

Il faut donc mettre à profit pour l'enseignement cette disposition naturelle des enfants.

Si vous voulez donner à vos élèves quelque notion utile, leur faire quelque description d'objets ou d'instruments, l'image viendra fructueusement à votre aide, car les yeux sont le chemin de l'intelligence.

Vous vous servirez donc d'images pour soutenir l'attention de vos petits élèves et provoquer le travail intellectuel qu'elle rend plus facile et plus profitable.

Au moyen des images, vous ferez parler votre petit monde.

Quand vous aurez dépeint, décrit, expliqué le sujet qui fait l'objet de l'image, vous le ferez rapporter par les enfants.

En parlant du chien, par exemple, vous l'avez fait voir, vous avez parlé de sa constitution, des services qu'il rend, de ses qualités! Les enfants vous ont écoutées, comprises.

Comme exercice de langage, vous procéderez par interrogations :

1° Qu'est-ce que le chien?

Vous exigerez une réponse qui ait un sens complet. Allons, achevez votre phrase, direz-vous souvent.

2° Où vit le chien? 3° Quelles sont les diverses occupations du chien? 4° De quoi vit le chien? 5° Quelles sont les qualités du chien?

Après avoir ainsi procédé par interrogations, vous ferez résumer le plus complètement possible tout ce qui a été dit sur le chien par un, deux ou trois enfants.

Voilà un exercice de langage.

Si vous avez eu soin de faire comprendre et d'expliquer tous les mots employés, vous avez accru le vocabulaire de l'enfant.

Vous avez dit, par exemple, le chien est un quadrupède, un animal domestique. On l'appelle domestique parce qu'il vit à la maison. Il y a aussi des chiens sauvages, opposition au mot domestique. Le chien est un quadrupède. Sa gueule est armée de solides dents. Le chien est bon, caressant; il aime beaucoup son maitre; il le cherche, il le suit, il l'accompagne partout; il le défend si on l'attaque. Le chien ne fait jamais de mal aux petits enfants si ceux-ci ne le tourmentent pas. Le chien garde, la nuit, la maison de son maitre et en défend l'approche aux voleurs, etc., etc. Le chien est fidèle, cela veut dire qu'il aime toujours bien son maitre, que son affection ne change pas. On a vu des chiens mourir de chagrin, ne plus vouloir prendre de nourriture après la mort de leur maitre.

Écrivez tous les mots du récit au tableau, et puis faites-en donner la signification; alors, avec la leçon de langage, vous aurez donné une leçon de grammaire et une leçon d'orthographe, et, de plus, si vous avez su vous adresser au cœur des enfants, vous aurez fait naitre en eux des sentiments de bonté, de sensibilité pour les animaux. Et tout cela à propos d'une image représentant un chien.

L'image nous mène au dessin.

Comment le dessin, à l'école maternelle, peut-il servir à des exercices de langage?

Tous les enfants aiment à crayonner, à dessiner. Leurs dessins sont informes, mais, pour eux, ils représentent quelque chose qu'ils ont vu. Ils feront une voiture, un moulin, une maison, un cheval, un *bonhomme*. Le bonhomme! vous le connaissez! Nous en avons tous fait : un rond pour la tête et deux points pour les yeux; un trait vertical pour le nez, un trait horizontal pour la bouche. Des bâtons en long et en travers pour le corps, les jambes et les bras. Et les mains! Quelles mains!

Les enfants dessinent, crayonnent plutôt, d'une manière informe, mais il y a un moyen de profiter de cette disposition naturelle pour leur développement intellectuel, pour l'exercice de la langue, pour l'étude des mots.

— Voyons, mes amis, vous dessinez, vous faites des lignes, des traits de diverses formes, de toutes les façons, mais vous ne savez seulement pas le nom des lignes que vous tracez.

Si vous voulez bien faire attention, je vais vous apprendre le nom des lignes que nous dessinerons tous ensemble. Regardez-moi bien : je pars de ce point que voici, appelé A, à gauche, pour aller à celui-là, à droite, appelé O. Je trace une ligne. Cette ligne a un nom, comme vous, comme moi, comme toutes choses. Tout ce que nous voyons a un nom. Faire citer le nom de divers objets de la classe. Je vous dirais bien le nom de cette ligne, mais vous ne le retiendriez pas. Il est trop difficile. — Vous voyez le désir de vaincre une difficulté animer les enfants. — Voulez-vous savoir le nom de cette ligne? On l'appelle une ligne horizontale. Nous écrivons ce mot à côté. Faire découvrir des lignes horizontales : les arêtes du tableau noir du haut et du bas, le rebord de la table, les appuis de fenêtres sont des lignes horizontales. Expliquer le mot horizon. Parler du soleil qui se couche ou paraît à l'horizon. Traçons plusieurs lignes horizontales. Vous le voyez, ce sont des lignes droites comme la règle, comme le mètre que voici.

Maintenant, je vais vous apprendre le nom d'une autre ligne. Nous partons toujours du même point A allant jusqu'à O. Je trace cette ligne. Est-ce une ligne comme la première? — Non, vous le voyez; elle n'est pas droite, elle n'est pas horizontale. On l'appelle une ligne *courbe*. Écrivons encore ce mot à côté. C'est-à-dire formée en rond. On courbe le dos quand on se penche.

Je vous poserais bien une question; c'est une question difficile à laquelle, je crois, personne ne pourra répondre. Voyons, essayons. Du point A au point O, vous voyez deux lignes : la première s'appelle ligne droite, son autre nom est horizontale; l'autre ligne s'appelle ligne courbe. Eh bien, voici ma question, attention : qui me dira bien laquelle des deux lignes est la plus courte? Regardez bien.

— C'est la ligne droite horizontale.

— Voilà qui est parfait. C'est très bien. Je n'aurais pas cru que vous eussiez aussi vite compris, mais je n'avais pas songé qu'en étant attentif on comprend toujours.

Voyez! Je suppose que ces deux lignes soient des chemins. Deux enfants partent en même temps du point A pour aller au point O. Ils marchent aussi vite l'un que l'autre, quel est celui qui sera plus tôt arrivé au point O? En prenant l'un le chemin représenté par la ligne horizontale, l'autre par la ligne courbe. C'est celui qui aura suivi la ligne droite. Donc la ligne droite horizontale est le plus court chemin d'un point à un autre point.

Répétons cela tous ensemble.

Allons, encore le nom d'une autre ligne si vous n'êtes pas fatigués, toujours du point A au point O. Je la trace cette fois au-dessous de la ligne droite horizontale.

Cette ligne qui part du même point A, pour finir toujours au même point O, est composée de six morceaux réunis et qui se tiennent. On l'appelle une ligne *brisée*. Écrivons ce mot à côté, de sorte que nous avons : *horizontale*, *courbe*, *brisée*. Brisé, vous savez ce que ce mot veut dire, c'est-à-dire cassé, comme les morceaux du mètre pliant que voilà. Donc du point A au point O, on peut mener trois sortes de lignes. En avez-vous retenu les noms? Voyons qui me les dira?

Puis on montre les lignes et on en fait trouver les noms. Comment appelle-t-on la plus courte ligne d'un point à un autre?

On peut varier les questions à l'infini.

Eh bien! Qu'avons-nous fait là?

Nous avons étendu le vocabulaire des enfants.

Ce n'est pas tout.

Nous avons raisonné avec eux et nous avons appelé leur attention sur une opération qu'ils exécutaient inconsciemment. C'est bien quelque chose.

On peut agir de la même manière en ce qui concerne les lignes verticales, obliques, parallèles. Voilà encore des mots nouveaux et au moyen desquels on peut encore intéresser les enfants. Le tout est de le vouloir.

Puis on peut arriver aux *angles*, aux *carrés*, aux *rectangles*, au *cercle*. On se servira du globe pour faire comprendre la circonférence. Ce sont là des choses qui paraissent abstraites au premier abord, mais qu'une maitresse intelligente saura rendre palpables et mettre à la portée de l'intelligence des enfants de l'école maternelle.

Que de mots nouveaux et que d'idées à faire naître sous ces mots!

Nous avons encore là l'occasion de faire parler les enfants et de leur donner, sous une forme attrayante, des notions à la portée de leur intelligence et de leur âge.

Le champ à exploiter est vaste en ce qui concerne le dessin usuel et industriel; on dessinera les outils du maçon, du tailleur de pierres, ceux du charpentier, du menuisier, du couvreur, du vitrier, du plombier, ceux du plafonneur, du marbrier. On leur dira successivement les noms, l'usage; on parlera, dans des conversations enfantines, des divers travaux exécutés avec les outils qu'on leur aura appris à reconnaitre et à désigner.

Mais en cela comme en tout ce qui concerne l'instruction et l'éducation intellectuelle, on procédera avec une sage lenteur. On se rappellera qu'il ne faut pas surcharger l'esprit des enfants, mais qu'il est nécessaire, au contraire, de revenir souvent en arrière pour s'assurer qu'on ne s'aventure pas au hasard, et qu'on ne va pas trop loin; jamais de longues leçons, pas trop d'heures de travail! « La quantité du travail, dit Michelet, y fait bien moins qu'on ne croit; les enfants n'en prennent jamais qu'un peu tous les jours; c'est comme un vase dont l'entrée est étroite; versez peu ou versez beaucoup, il n'y entrera jamais beaucoup à la fois. »

Mais on comprend qu'il est plus rationnel de ne verser que goutte à goutte, ne serait-ce que par mesure d'ordre, et en enseignement, l'ordre est une condition de succès.

Des exercices de récitation.

Un moyen à employer dans les écoles maternelles pour accroître le vocabulaire des enfants, ce sont les exercices de récitation. On leur apprend des chants, des jeux, des rondes, de petites fables, des compliments; on orne leur mémoire de mots, il faut faire en sorte que ces mots ne soient pas pour eux vides de sens, qu'ils ne disent rien à leur intelligence, à leur âme, à leur esprit. Si ce sont de simples mots, des sons, uniquement des sons que l'on confie à leur mémoire, autant vaudrait qu'ils n'apprissent rien.

Les enfants ne savent pas lire, je suppose, la maîtresse veut leur apprendre mot à mot quand même, la petite fable intitulée : *la Renoncule et l'Œillet*. Il y a d'abord un travail préparatoire, un appel à la réflexion.

La renoncule et l'œillet sont des fleurs, on en fera voir l'image ou mieux, on présentera aux enfants les fleurs mêmes; ils les tiendront et les toucheront. Les fleurs ont un parfum, vous savez ce que c'est qu'un *parfum*? — C'est une odeur; la rose, l'œillet, le jasmin, le lilas, ont une odeur, elles sentent bon. Quand on veut sentir l'odeur, le parfum d'une fleur, où l'approche-t-on? Le sens au moyen duquel nous sentons les odeurs s'appelle... comment?... Allons, voyons, ce n'est pas difficile... *l'odorat*. Et l'organe de l'odorat c'est... la main;... oh! non... le nez. — Parfait.

Nous venons de prononcer le mot de parfum, nous allons l'écrire, le voici. Si au mot parfum nous ajoutons la terminaison *eur* ou bien *erie*, nous aurons le mot parfumeur et le mot parfumerie. Qui pourra me dire ce que c'est qu'un parfumeur? — C'est le négociant qui vend des parfums. — Bien. Et qui me dira ce que c'est qu'une parfumerie? C'est plus difficile... Je vais vous le dire, c'est une fabrique de parfums.

Vous retiendrez bien ces mots : odeur, odorat, parfum, parfumeur, parfumerie.

Nous allons apprendre une petite fable; elle s'appelle : *la Renoncule et l'Œillet.*

Voici une renoncule, voici un œillet; voyez-les, touchez-les, respirez-en l'odeur; Faites bien attention. L'œillet sent bon et la renoncule, elle, n'a point d'odeur, elle ne sent rien. Alors, cette fleur n'a que ses couleurs, sa parure, elle n'a point de parfum.

Étudions ensemble les mots de la fable :

La renoncule, un jour, dans un bouquet,
Avec l'œillet se trouva réunie.
Elle eut le lendemain le parfum de l'œillet.

Vous savez ce que c'est qu'un bouquet, c'est une réunion de fleurs liées ensemble; elles sont en compagnie, voisines l'une de l'autre. Le lendemain, l'œillet avait communiqué son odeur à la renoncule, pourquoi cela? — C'est parce que ces deux fleurs étaient ensemble, l'une très près de l'autre.

La fable n'est pas finie, attendez, il y a encore des mots que nous allons dire ensemble.

On ne peut que gagner en bonne compagnie.

répétons deux fois, trois fois ces paroles qu'il vous faut bien retenir. Et savez-vous ce que cela veut dire : On ne peut que gagner en bonne compagnie? Je vais vous l'expliquer.

Vous, Marie, si vous avez pour amie, pour compagne, une bonne petite fille, obéissante, laborieuse, sage, vous deviendrez, comme elle, obéissante, laborieuse et sage; et répétons encore tous ensemble : On ne peut que gagner en bonne compagnie.

Mais aussi, en mauvaise compagnie, mes enfants, prenez-y garde, en mauvaise compagnie, on perd ses bonnes qualités, on devient mauvais.

Il vous faudra rechercher les bonnes compagnies et fuir les mauvaises.

Retiendrez-vous bien cette fable, vous savez ce qu'elle veut dire, il ne vous sera pas difficile d'en retenir les mots.

C'est encore là, Mesdames, un exercice de

langage, vous le comprenez, qui ne se borne pas à des mots, il joint aux mots la double association des idées et des sentiments du cœur.

Des récits enfantins.

Les récits faits par la maitresse, récits enfantins si l'on veut, mais sans trivialité, avec développement et une conclusion morale, peuvent, à l'école maternelle, soutenir l'attention des enfants et se prêter à des exercices de langage.

Une recommandation à faire, dans les récits d'imagination pure, dans un conte, c'est de se rapprocher le plus possible du domaine des choses vraies, qui ont pu ou qui peuvent exister. Autrement, on s'exposerait à fausser l'esprit des enfants; point de fantômes, mais des réalités.

Si on leur raconte une histoire extraordinaire, impossible, qu'ils ont peine à concevoir, ils vous demandent :

— Est-ce que c'est vrai, Madame, est-ce pour de bon?

Mieux vaut ne pas faire de récits imaginés aux enfants que de leur raconter des banalités sans portée; ce serait, dans tous les cas, sans profit pour leur instruction et peut-être au détriment du développement de leurs idées. Remarquez que nos petits élèves sont au début de la vie et que les premières impressions se gravent profondément en eux. Tâchons d'être toujours justes et vrais.

Les récits, pour être bien exposés, dans une causerie familière qui n'exclut pas un heureux choix d'expressions, demandent une certaine préparation. Un récit suppose un plan, c'est-à-dire un cadre dans lequel les événements naissent, se développent et prennent fin. Les récits doivent toujours avoir pour but de faire aimer ce qui est bien et de détester ce qui est mal; ils ne laisseront jamais les enfants sous une impression pénible.

Vous trouverez des modèles de récits, d'anecdotes à la portée des enfants dans le livre d'histoires de Mme Pape-Carpantier. Vous pourrez vous en inspirer, les lire, vous les assimiler, ajouter, retrancher, suivant vos propres inspirations et les raconter à vos élèves.

Dans un récit, anecdote ou conte, il y a toujours des mots principaux, jusqu'alors inconnus des enfants. La maîtresse les écrira au tableau et les expliquera; elle fera des rapprochements, des comparaisons, de façon à en faire comprendre la signification et à la mettre à la portée des enfants.

Il faut toujours, avec les mots, avoir en vue l'acquisition de nouvelles idées.

Quand le récit aura été exposé, expliqué, compris, la maitresse fera des interrogations, et, comme exercice de langage, elle fera raconter individuellement, séparément, par un, deux ou plusieurs enfants. Elle redressera, corrigera les erreurs, les omissions, les fautes, elle exigera toujours que les enfants fassent des phrases complètes. — Que voulez-vous dire, mon enfant? Quelle est votre pensée? Achevez votre phrase. Ces questions-là doivent souvent revenir et finissent par obliger les enfants à réfléchir avant de parler.

Les anecdotes historiques doivent avoir leur place dans les exercices de langage à l'école maternelle. C'est une anecdote, c'est un fait saillant qui caractérise un homme, un personnage, et qui fait qu'on ne l'oublie pas, qu'on ne l'oublie jamais. On en grave, dans l'imagination des enfants un portrait qui ne sortira jamais de leur mémoire.

Le samedi soir, notre vieux maitre d'école de l'ancien temps avait l'habitude de nous commenter un chapitre de la *Civilité puérile et honnête*, notre livre de lecture. C'était son titre. Il ne nous a jamais dit quelle était la signification du mot *puérile*. Je me rappelle qu'étant plus grand alors, ce mot m'intriguait et était là, sur mon livre, comme un gros point d'interrogation.

Nous ne pouvions deviner qu'une civilité puérile était un livre destiné à apprendre la civilité aux enfants, parce que nous ne savions pas que le mot puérile vient du mot latin *puer*, qui veut dire enfant.

Je vous cite cela, entre parenthèses, pour vous faire voir quel intérêt il y a à tout expliquer aux enfants.

Je reviens aux anecdotes.

La leçon de civilité était suivie d'une histoire, d'un récit, d'une anecdote, prise ordinairement dans l'histoire en général; c'est ainsi que nous avons appris quelques mots de l'histoire romaine, de l'histoire grecque, de l'histoire ancienne et, même plus tard, quand nous étions plus âgés, quelques récits mythologiques.

Un jour, le maître nous a raconté ce trait de la vie de Fénelon, trait que vous connaissez toutes. Il nous a parlé de la guerre, du pays envahi par les ennemis qui pillent, volent, ravagent tout; dépeint les pauvres paysans qui emportent ce qu'ils ont pour le mettre en sûreté derrière les murailles des villes fortifiées. Fénelon était archevêque de Cambrai, ville du Nord. Les paysans des villages, des campagnes, ne savaient où se loger à la ville, Fénelon si bon, au cœur si généreux, les recevait chez lui, dans son palais. Il avait fait dresser des tables dans ses salons, dans ses chambres, partout, pour qu'on leur servît à manger. Il aperçut un pauvre paysan qui ne mangeait pas, même il pleurait. Il était bien triste. Ils avaient pu, sa femme, ses enfants et lui, arriver dans la ville avec beaucoup de peine, mais ils avaient été obligés de laisser la vache à l'étable, au village, leur pauvre vache si bonne, si précieuse, qui donnait de si bon lait! Bien sûr, dit-il, les ennemis vont l'emporter pour la tuer. Et le pauvre campagnard pleurait. Fénelon le rassura, se fit dire le nom du village, indiquer les chemins qui y menaient. Il prit avec lui un domestique et les voilà partis tous les deux, la nuit, dans l'obscurité, par de mauvais chemins, à la recherche du village, à la recherche de la vache du pauvre paysan. La vache est trouvée, Fénelon la ramène dans la ville et va tout de suite dire au propriétaire : « Mon ami, ne pleurez plus, votre vache est dans la ville, à l'abri des soldats ennemis. Vous la reverrez demain et pourrez bientôt retourner avec elle à votre village. »

N'est-ce pas que Fénelon était doué d'un bon cœur?

Dans la suite, chaque fois que le nom de Fénelon se présentait à nous, l'histoire de la vache nous venait à l'esprit.

Par exemple, il faut rendre l'anecdote intéressante; il faut que les enfants en soient saisis, vivement impressionnés. Questionnez ensuite vos élèves, faites-leur raconter l'histoire, et vous aurez là un précieux exercice de langage.

Les anecdotes sont aussi profitables à l'enseignement moral; ce sera un trait relatif à l'amitié, à la parole donnée; ce sera une leçon de courage, de dévouement, de charité, d'économie, de confiance, etc. C'est l'exemple qui fait passer le précepte et qui le grave dans l'intelligence des enfants.

Il me vient en ce moment à l'esprit une recommandation importante et que j'ai omise; mais elle a ici sa place. Voici : Soyez toujours justes, soyez toujours vrais.

L'injustice irrite les enfants. J'avais six ans quand j'ai été puni pour une fauté que je n'avais pas commise. Je m'en souviens encore; je m'en souviendrai toujours. J'ai eu beau protester de mon innocence, le maître n'a rien voulu entendre. Il n'y a rien qui froisse ainsi la nature droite des enfants. Quand il vous arrive de commettre une erreur, reconnaissez-la. Il y a à cela de la franchise, de la dignité et point du tout de déshonneur. Il m'est arrivé parfois de dire à un de mes élèves : « Mon enfant, je me suis trompé, je vous demande pardon. » L'autorité du maître ne saurait être compromise par ce procédé, au contraire, croyez-le bien.

Il faut aussi à l'égard des enfants tenir les promesses qu'on leur fait. Ne les trompez jamais, même pour des causes en apparence légères et insignifiantes. Leur désappointement est grand, immense, quand ils voient qu'on les a trompés.

Une maman dit un jour à sa petite fille, une enfant de six ou sept ans : « Tu grandis, tu es soigneuse, tu n'abîmes pas tes affaires, comme c'est ton devoir, du reste, cela m'engagera à t'acheter une belle robe pour l'été prochain...

— Oh! maman, que je suis contente! Une robe en soie?

— Une robe en soie.

— Comme la tienne?

— Parfaitement.

Voilà notre petite imagination d'enfant qui rêve au plaisir d'avoir une belle robe de soie aux reflets chatoyants, comme celle de sa mère.

Le jour si impatiemment attendu arrive. La robe est achetée. La maman la fait voir à sa fille.

Mais ô déception cruelle! La robe n'était pas en soie. Elle ne ressemblait aucunement à celle qu'elle attendait et qu'on lui avait promise. On l'avait trompée.

L'enfant en ressentit un froissement intérieur qu'aujourd'hui femme de plus de quarante ans, elle n'a pas oublié.

Il eût été si facile à la mère de tenir le raisonnement suivant : « Tu auras, mon enfant, une robe qui convient à ton âge. Les petites filles ne s'habillent pas comme les femmes, ni les petits garçons comme les hommes. Est-ce que ton frère Charles, qui a huit ans, pourrait porter un chapeau, un habit comme ceux que porte ton père ? Tu vois bien que ce serait ridicule. La robe que je t'ai promise et que tu auras te fera plaisir, parce qu'elle sera de ton âge. Elle ne sera pas comme la mienne. Tu es assez raisonnable pour le comprendre. »

La petite fille n'en eût pas demandé davantage et elle n'aurait pas eu le chagrin de se voir trompée.

Mais voilà ! il arrive qu'on ne prend ni le temps ni la peine de raisonner avec l'intelligence naissante d'un enfant ; cela a lieu dans nombre de familles et, je le crains, dans beaucoup d'écoles à tous les degrés. C'est un tort.

Sans doute, c'est plus commode et plus tôt fait d'imposer sa volonté, à un enfant, de refuser sèchement ce qu'il désire, ou de dire comme lui sauf à ne pas tenir compte de la promesse faite, mais est-ce là de l'éducation ? Peut-on impunément jouer ainsi avec les facultés d'un enfant ?

Acquerra-t-il de la raison si vous ne faites jamais appel à sa raison ? Ne l'engagez-vous pas au mensonge et à la dissimulation si vous-mêmes ne tenez pas votre parole ? Prenez-y bien garde et c'est ce qui me fait vous répéter : Soyez toujours justes, vrais.

Tout cela est très grave, Mesdames, et on ne saurait trop vous engager à y réfléchir.

Après cette incidence qui a sa place dans cette causerie, puisqu'il s'agit de l'éducation des enfants, revenons en quelques mots aux exercices de langage et aux moyens de les rendre fructueux par les leçons de l'école maternelle.

Nous avons dit le profit qu'on pouvait tirer, avec de jeunes enfants, pour les idées à faire naître, pour les acquisitions de mots, pour l'habitude de parler, le profit qu'on pouvait tirer, dis-je, de l'explication des images, des exercices de dessin, de l'étude de morceaux de récitation, de mémoire, de récits, d'entretiens, d'anecdotes historiques. Nous pourrions ainsi passer en revue tous les genres de leçons données à l'école maternelle ! Cela nous mènerait trop loin. Nous avons seulement tenu à vous donner une idée générale des exercices à faire pour que les enfants puissent se familiariser avec le plus grand nombre possible de mots, accroître leur vocabulaire et puissent être amenés graduellement à voir une idée sous un mot et à traduire ensuite cette idée par la parole.

La leçon de choses, surtout, doit avoir pour résultat d'accroître le vocabulaire de l'enfant et de le faire parler. Dans le cours de la leçon, l'attention sera appelée sur les mots nouveaux qu'il faudra expliquer, faire comprendre. Ils seront écrits au tableau noir. Les enfants prendront une part active à la leçon par les interrogations fréquentes, comme nous l'avons dit. Puis la leçon sera résumée, racontée par un ou plusieurs enfants, comme s'ils la racontaient le soir au foyer de la famille.

Il faut, dans toutes leçons, vous arranger de manière à ce que vos petits élèves comprennent et ensuite qu'ils puissent faire voir qu'ils comprennent.

Profitez de leurs dispositions heureuses, de leur mémoire, de leur activité, de leur désir d'apprendre pour jeter en eux toutes les bonnes semences; elles fructifieront, si vous avez su ménager leurs facultés sans les surexciter jamais.

« En dépit de la turbulence et de la distraction naturelle aux enfants, dit Mme Pape, l'esprit fait des petites conquêtes à la sourdine et finit par connaitre on ne sait trop comment, une quantité de choses que les yeux du corps ont à peine remarquées, que les oreilles ont entendues sans y prendre garde. Cela vient de ce que l'esprit est curieux, quoique distrait, qu'il saisit et relie les notions du dehors que ses messagers, les sens, lui transmettent par un mécanisme invisible. »

Dans toutes vos leçons, joignez, à l'utilité du fond, le naturel, l'agrément et la simplicité de la forme.

Que dans toutes vos leçons, vous ayez un but bien défini à atteindre, un plan déterminé à suivre; n'agissez jamais au hasard, ayez vos provisions faites à l'avance; ne vous abandonnez jamais aux bonnes fortunes de la route; que vos leçons s'enchainent méthodiquement, de façon que la première soit une préparation pour la deuxième, celle-ci pour la troisième.

Faites parler vos élèves; faites qu'ils comprennent et qu'ils voient; donnez-leur la raison de tout ce qui les touche, les frappe ou les environne; expliquez-leur le pourquoi et le parce que des choses; faites appel à leur bon sens, à leur jugement, à leur raison; obligez-les à formuler nettement leurs idées, à savoir ce qu'ils veulent dire et à achever leurs phrases; habituez-les à conclure eux-mêmes, à reconnaitre leurs torts, et se faire le propre juge de leur conduite et de leur valeur personnelle.

C'est ainsi que vous les préparerez à apprendre.

Je ne puis mieux terminer ces réflexions qu'en reproduisant une partie du préambule annexé à l'organisation pédagogique des écoles maternelles, arrêtée par le Conseil supérieur dans sa session de janvier 1887.

Cet extrait d'une instruction que toutes les maitresses des écoles maternelles devraient savoir par cœur résumera nos trois conférences, puisqu'elles ne sont que le développement modeste des idées exprimées dans ladite instruction si remarquable à tous égards :

« L'école maternelle n'est pas une école au sens ordinaire du mot : elle forme le passage de la famille à l'école; elle garde la douceur affectueuse et indulgente de la famille, en même temps qu'elle initie au travail et à la régularité de l'école. — Le succès de la directrice ne se juge donc pas essentiellement par la somme des connaissances communiquées, par le niveau qu'atteint l'enseignement, par le nombre et la durée des leçons, mais plutôt par l'ensemble des bonnes influences auxquelles l'enfant est soumis, par le plaisir qu'on fait prendre à l'école, par les habitudes d'ordre, de propreté, de politesse, d'attention, d'obéissance, d'activité intellectuelle qu'il doit y contracter pour ainsi dire en jouant.

« En conséquence, les directrices devront se préoccuper beaucoup moins de livrer à l'école primaire des enfants déjà fort avancés dans leur instruction que des enfants bien préparés à s'instruire. Tous les exercices de l'école maternelle seront réglés d'après ce principe général : ils doivent aider au développement des diverses facultés de l'enfant, sans fatigue, sans contrainte, sans excès d'application; ils sont destinés à lui faire aimer l'école et à lui donner de bonne heure le goût du travail, en ne lui imposant jamais un genre de travail incompatible avec la faiblesse et la mobilité du premier âge.

« Le but à atteindre, en tenant compte des diversités de tempérament, de la précocité des uns, de la lenteur des autres, ce n'est pas de les faire tous parvenir à tel ou tel degré de savoir en lecture, en écriture, en calcul; c'est qu'ils sachent bien le peu qu'ils sauront; c'est qu'ils aiment leurs tâches, leurs jeux, leurs leçons de toute sorte; c'est surtout qu'ils n'aient pas pris en dégoût ces premiers exercices scolaires, qui seraient si vite rebutants, si la patience, l'enjouement, l'affection ingénieuse de la maitresse, ne trouvaient moyen de les varier, de les égayer, d'en tirer ou d'y attacher quelque plaisir pour l'enfant.

« Une bonne santé, l'ouïe, la vue, le toucher, déjà exercés par une suite graduée de ces petits jeux et de ces petites expériences propres à faire l'éducation des sens; des idées enfantines, mais nettes et claires sur les premiers éléments de ce qui sera plus tard l'instruction primaire; un commencement d'habitudes et de dispositions sur lesquelles l'école puisse s'appuyer pour donner plus tard un enseignement régulier; le goût de la gymnastique, du chant, du dessin, des images, des récits; l'empressement à écouter, à voir, à observer, à imiter, à questionner, à répondre; une certaine faculté d'attention entretenue par la docilité, la confiance et la bonne humeur; l'intelligence éveillée enfin et l'âme ouverte à toutes les bonnes impressions morales : tels doivent être les effets et les résultats de ces premières années passées à l'école maternelle, et si l'enfant qui en sort arrive à l'école primaire avec une telle préparation, il importe peu qu'il y joigne quelques pages de plus ou de moins du syllabaire. »

Pénétrez-vous bien de ces réflexions, Mesdames; ayez-les toujours présentes à l'esprit. Rappelez-vous que, dans toutes vos leçons, sous l'institutrice qui démontre et qui enseigne, il y a, il doit y avoir la mère qui comprend l'enfant et qui l'aime; que votre ton, votre attitude, votre langage révèlent un sentiment vrai d'affection sincère; que votre physionomie soit attrayante; que tout, dans votre accent, dans vos regards, dans vos gestes, confirme un sentiment de sympathie, de bonté de cœur qui attire, et, je vous en donne l'assurance, vous serez certaines de faire aimer l'école aux petits enfants; vous serez sûres de parler à leur âme et de vous en faire aimer, respecter; vous serez sûres de les conduire où vous voudrez et comme vous le voudrez; vous serez sûres, enfin, de les élever, de les intéresser, de leur plaire et de les instruire. *Sursum corda*. A l'œuvre donc, Mesdames, et du courage!

Paris. — Imp. A. Picard et Kaan, 192, rue de Tolbiac. D. S. P. 994.

www.ingramcontent.com/pod-product-compliance
Ingram Content Group UK Ltd.
Pitfield, Milton Keynes, MK11 3LW, UK
UKHW020251220726
13923UKWH00002B/893

9 782019 303365